RÉCRÉATIONS
MATHÉMATIQUES

Chaque exemplaire est revêtu de la signature des Éditeurs.

Paris. — Imprimerie de ÉDOUARD BLOT, rue Saint-Louis, 46, au Marais.
(Ancienne Maison Dondey-Dupré.)

RÉCRÉATIONS
MATHÉMATIQUES

NOUVEAU RECUEIL

DE QUESTIONS CURIEUSES ET UTILES

EXTRAITES DES AUTEURS ANCIENS ET MODERNES

PAR

JOSEPH VINOT
Professeur de mathématiques à Paris

PARIS
LAROUSSE ET BOYER, LIBRAIRES-ÉDITEURS
49, RUE SAINT-ANDRÉ-DES-ARTS, 49

1860

PRÉFACE DES ÉDITEURS

Les mathématiques sont le triomphe de la raison humaine; c'est elle qui les a créées tout entières; elle en a fait un édifice immense, qu'elle agrandit encore tous les jours et dont elle a assuré la durée en le plaçant dans un terrain inaccessible à l'erreur. Dans toutes les autres sciences, l'homme n'avance qu'en tâtonnant; il imagine des systèmes; puis, pour savoir s'ils sont vrais, il les soumet à l'expérience, qui, trop souvent, vient lui apprendre qu'il a perdu son temps et que tout est à recommencer. Dans les mathématiques, au contraire, l'homme marche toujours dans la certitude, et ce qu'il affirme, il le sait vrai même avant de l'avoir expérimenté. Il semble qu'une pareille science doive toujours rester grave et sérieuse; c'est, en effet, l'idée que tout le monde s'en forme de nos jours : *Mathématiques* et *récréations* paraissent deux termes qui s'excluent. Il n'en fut pas toujours ainsi, cependant; nos pères, qui comprenaient aussi bien que nous la noblesse des sciences mathématiques, ne croyaient pas qu'il fût indigne d'elles de les faire servir quelquefois à leurs amusements. S'il fallait compter le nombre des ouvrages qui ont été publiés dans ce but, depuis Diophante jusqu'à Ozanam, on arriverait à un chiffre énorme, et l'on aurait peine à comprendre qu'après avoir été si longtemps en faveur, ces jeux de l'esprit et du calcul aient pu tomber dans un si grand oubli. Nos pères y attachaient trop d'importance peut-être; mais nous, ne les dédaignons-nous pas trop? Entre l'engouement d'autrefois et l'oubli complet d'aujourd'hui, n'y aurait-il pas un juste milieu qui serait, à cet égard, le point de vue seul juste et raisonnable? Nous l'avons pensé, et nous avons cru qu'un choix judicieux de *Récréations mathématiques* ne pourrait manquer d'être accueilli avec d'autant plus de faveur, que cette espèce de résurrection passerait pour une nouveauté aux yeux de presque tout le monde.

M. Vinot, professeur de mathématiques, à qui nous avons soumis notre idée, l'a jugée bonne; il s'est mis à l'œuvre, et le livre que nous publions est le fruit de son travail.

On y trouvera d'abord la solution raisonnée d'un grand nombre de problèmes, dont chacun constitue ce qu'on appelle vulgairement un *tour* de calcul ou de cartes, un divertissement de société. Les personnes qui ne connaissent point ces tours, les voient toujours avec un étonnement profond, et peu s'en faut qu'elles ne regardent l'opérateur comme un véritable *sorcier*, ce qui ne laisse pas d'être flatteur pour certains amours-propres. Au milieu de tout cela, l'auteur a trouvé le moyen de placer çà et là des notions d'une utilité plus réelle et toujours capables de piquer singulièrement la curiosité. Ainsi, l'on trouvera dans son livre des moyens fort ingénieux pour abréger les longues opérations d'arithmétique, des détails intéressants sur les propriétés des nombres, sur le *crible d'Ératosthènes*, destiné à faciliter la recherche des nombres premiers, sur les *carrés magiques*, qui occupèrent longtemps l'attention des plus forts mathématiciens, et qui sont maintenant presque complétement inconnus, etc.

M. Vinot n'a pas seulement emprunté ses Récréations à l'arithmétique ou à l'algèbre; il a mis aussi à contribution la géométrie, qui, vers le milieu du volume, fournit un grand nombre de problèmes intéressants. La physique et la mécanique viennent ensuite; puis de curieuses recherches sur l'art de mesurer le temps et sur les modifications que cet art a subies à travers les siècles.

Nous trouvons, chaque année, la mesure du temps toute faite dans nos calendriers et dans nos almanachs, et nous ne nous doutons guère de toutes les difficultés qu'il a fallu résoudre, de toutes les erreurs qu'il a fallu rectifier pour arriver à l'exactitude des temps modernes.

Cette partie du travail de M. Vinot est toujours *Récréative* par l'intérêt même qu'elle inspire; mais elle est certainement plus qu'une simple récréation, et tout le monde la trouvera éminemment instructive.

Partout, d'ailleurs, les démonstrations les plus rigoureuses suivent l'exposé des procédés indiqués. Les plus simples tours de cartes prennent ainsi une couleur scientifique qui rend l'ouvrage beaucoup plus sérieux que son titre, et qui lui assure un bon accueil même auprès de ceux qui ne veulent jamais voir les mathématiques descendre de leur sévère et majestueux piédestal.

RÉCRÉATIONS

MATHÉMATIQUES

I

Deviner la différence entre votre âge et celui d'une autre personne.

Règle a suivre. Si la personne est plus âgée que vous, retranchez de 9 chacun des chiffres de votre âge; 18 ans vous donneront, par exemple, 81; 27 ans donneront 72, etc. Dites à la personne d'ajouter à son âge le nombre que vous obtenez ainsi; elle trouve par ce moyen un nombre plus grand que 100. Dites-lui alors de retirer du résultat le chiffre des centaines et de l'ajouter à celui des unités; le nombre, ainsi transformé, sera la différence cherchée.

Exemple. La personne a 48 ans et vous 25, faites ajouter 74, c'est-à-dire $99-25$, elle obtient $48+74=122$; elle prend le chiffre des centaines, 1, et l'ajoute aux unités, qui deviennent 3; le nombre 122 devient donc 23, qui est bien la différence des deux âges; car $48-25=23$.

Démonstration. Appelons pour un instant votre âge A, et B celui de la personne; en retranchant les deux chiffres de votre âge de deux 9, vous obtenez le nombre $99-A$, que vous faites ajouter à B, de façon que le nombre que trouve la personne est $B+99-A$. Puisque vous faites ensuite retirer 1 centaine, ou 100, pour ajouter 1 unité, c'est comme si vous faisiez retirer 99; il doit donc rester $B-A$.

Ire Remarque. On comprend facilement que si la personne était plus jeune que vous, le nombre que vous lui feriez ajouter à son âge ne produirait pas 100, et le même moyen ne serait plus applicable.

Vous devrez alors vous supposer un âge au-dessous du sien, pour trouver, au moyen de la différence qu'elle aura avec cet âge, la vraie différence avec le vôtre.

IIe Remarque. En demandant quelle est la différence trouvée, et l'ajoutant à votre âge, il est clair que vous devinerez celui de la personne.

II

Parier que la somme de 3 nombres de 4 chiffres chacun, sous lesquels on vous laissera écrire 3 autres nombres, fera 29997.

Si on vous donne les nombres...........	3742 5298 6407
Ecrivez rapidement...................	6257 4701 3592
Total......................	29997

En formant les chiffres du premier nombre 6257 avec ce qui manque aux chiffres correspondants du premier nombre donné 3742, pour faire 9, et de même pour les autres nombres.

Démonstration. Il est clair, en effet, que sous cette condition, le premier nombre qu'on aura posé et le premier de ceux que vous aurez écrits, feront ensemble 9999;

$$\begin{array}{r} 3742 \\ 6257 \\ \hline 9999 \end{array}$$

On en peut dire autant des deuxièmes et des troisièmes nombres, en sorte que votre somme vaudra nécessairement 3 fois 9999 ou 29997.

III

Usage des compléments arithmétiques pour remplacer la soustraction par une addition.

Définition. On appelle *complément arithmétique* d'un nombre par rapport à un autre plus grand, la différence entre ces deux nombres : ainsi le complément arithmétique de 7 par rapport à 10 est 3, de 24 par rapport à 30 est 6, etc.

On peut trouver rapidement le complément d'un nombre entier ou décimal par rapport à 10, 100, 1000, etc., en retranchant le premier chiffre à droite de 10 et tous les autres de 9 ; ainsi le complément à 10 de 3,8907654 sera 6,1092346 et se trouvera en disant, à partir de la gauche : 3 et 6 font 9 ; on écrit 6 ; 8 et 1 font 9 ; on écrit 1 ; 9 et 0 ; 0 et 9 ; 7 et 2 ; 6 et 3 ; 5 et 4 ; puis 4 et 6 font 10 ; et on écrit ainsi successivement les chiffres qu'il faut ajouter aux premiers chiffres à gauche pour faire 9, et au dernier pour faire 10. On voit facilement que le résultat est celui que donnerait la soustraction ordinaire.

Règle. On peut retrancher un nombre d'un autre en prenant le complément du plus petit et l'ajoutant au plus grand, puis retranchant le nombre par rapport auquel on a pris le complément.

Exemples. 1° 45 — 28 ; le complément de 28 par rapport à 30 est 2 ; 45 et 2 font 47 ; retranchons 30, reste 17.

2° 7,6732904 — 3,9865497.

	7,6732904
Complément à 10 de 3,9865497.....	6,0134503
Résultat.................	3,6867407

On écrit 3 unités au lieu de 13, pour retrancher immédiatement 10.

3° 12 — 7 ; complément de 7, 3 ; 12 et 3 font 15 ; 15 — 10 = 5.

Démonstration. On a le droit d'agir ainsi, car si, par exemple, au lieu de retrancher 7 de 12, on y ajoute 3, c'est comme si on ajoutait au résultat d'abord les 7 qu'on ne retranche pas, ensuite 3, ce qui fait 10, qu'il suffit de retirer pour avoir le résultat exact.

IV

Retrancher la somme de plusieurs nombres de la somme de plusieurs autres, en n'écrivant que le résultat final.

Règle. Écrivez les nombres à soustraire au-dessus de ceux dont vous voulez les retrancher, comme si vous vouliez additionner le tout; ajoutez ensuite les unités des premiers et prenez le complément de la somme par rapport à la dizaine immédiatement supérieure. Vous ajouterez ce complément à la colonne des unités des nombres à additionner; si la nouvelle somme vous donne le même nombre de dizaines que celui par rapport auquel vous avez pris le complément, vous écrivez les unités sans retenue; si elle vous en donne plus, vous retenez ce qu'il y a en plus pour le retrancher de la deuxième colonne des premiers nombres, et si elle vous en donne moins, vous retenez ce qu'il y a en moins pour l'ajouter à cette même colonne sur laquelle vous opérerez comme sur la première, et ainsi de suite.

EXEMPLE.

3965 6826 754	Nombres à soustraire.
7784 5268 4372 6247	Nombres à ajouter.
12126	

On dira : 5 et 6, 11; et 4, 15, complément, 5 pris avec 20 : 5 et 4, 9; et 8, 17; et 2, 19; et 7, 26, même nombre de dizaines que 20, on écrit 6 sans rien retenir.

6 et 2, 8; et 5, 13, complément, 7 par rapport à 20 : 7 et 8, 15; et 6, 21; et 7, 28; et 4, 32. On écrit 2, et il y a une dizaine de plus que dans 20; on la retranchera du 9 qui vient ensuite et qui deviendra 8. On dira alors : 8 et 8, 16; et 7, 23, complément 7 par rapport à 30 : 7 et 7, 14; et 2, 16; et 3, 19; et 2, 21. On écrit 1 et comme il y a une dizaine de moins que dans 30, on l'ajoutera au 3 qui commence la quatrième colonne.

4 et 6, 10; complément 0 par rapport à 10 : 0 et 7, 7; et 5, 12; et 4, 16; et 6, 22; vous écrivez 2, et comme il y a une dizaine de plus, vous la retrancheriez de la colonne qui suivrait, ce qui revient à l'ajouter au résultat; vous avez écrit : 12126.

Démonstration. Ceci est une conséquence immédiate de ce que

nous venons de dire des compléments : lorsque la première fois nous prenons le complément par rapport à 20, et que nous l'ajoutons, nous devrons retrancher 20 unités du résultat, puisque dans la somme nous trouvons 2 dizaines, nous n'avons qu'à les omettre. La deuxième fois, nous prenons encore le complément par rapport à 20, mais il vient 3 dizaines dans la somme, par conséquent il y a une dizaine de trop qui doit rester à cette somme ; il faudra l'ajouter à la colonne suivante des nombres qu'on veut additionner, ou, ce qui revient au même, la retrancher de celle des nombres à soustraire. A la troisième colonne, nous prenons le complément par rapport à 30, nous devrons retrancher 30 centaines ou 3 mille de la somme ; il n'y en a que 2, il reste donc 1 mille à retrancher, ce qui se fera en l'ajoutant à la colonne des mille des nombres qu'on veut soustraire, etc.

V

Multiplications abrégées par 5, 25, 125, 9, 11, 37999.

1° Par 5.

Règle. On prendra la moitié du nombre en supposant un zéro écrit à sa droite, ou si c'est un nombre décimal, en supposant la virgule déplacée d'un rang vers la droite.

EXEMPLES.

683 × 5	5837 × 5	7,865 × 5
683	5837	7,865
3415	29185	39,325

Démonstration. Si on multiplie un nombre par 10 en écrivant un zéro ou en déplaçant la virgule, et qu'on prenne la moitié du résultat, on aura multiplié le nombre par la moitié de 10 ou par 5.

2° Par 25.

Règle et démonstration. 25 étant le quart de 100, on verrait, de même que tout à l'heure, que pour multiplier un nombre par 25, il suffit de prendre le quart de ce nombre en supposant deux zéros écrits à sa droite, ou, si c'est un nombre décimal, en supposant la virgule avancée vers la droite de deux rangs.

EXEMPLES.

67 × 25	33,45 × 25
67	33,45
1675	836,25

3° Par 125.

RÈGLE ET DÉMONSTRATION. 125 est le huitième de 1000 ; par conséquent, pour multiplier un nombre par 125, on prend le huitième de ce nombre en supposant trois zéros écrits à sa droite, ou si c'est un nombre décimal, en supposant la virgule avancée vers la droite de trois rangs.

EXEMPLES.

49 × 125	124 × 125	57,62 × 125
49	124	57,62
6125	15500	7202,5

4° Par 9.

RÈGLE. On suppose écrit un zéro à droite et à gauche du nombre, puis on *retranche* chaque chiffre du précédent, en commençant par la droite.

EXEMPLE.

8623 × 9

086230
77607

3 de 10, reste 7; 2 et 1 de retenue 3; de 3, 0; 6 de 12, 6; 9 de 16, 7; 1 de 8, 7.

DÉMONSTRATION. Ceci revient en effet à écrire 86230, ou 10 fois 8623, puis au-dessous 8623, et à faire la soustraction :

86230
8623
77607

On trouvera 10 fois moins une fois, ou 9 fois 8623.

5° Par 11.

Règle. On écrit ou on suppose écrit à droite et à gauche du nombre un zéro, puis, en commençant par la droite, on *ajoute* chaque chiffre au précédent.

EXEMPLE.

7349 × 11   073490
80839

9 et 0, 9 ; 4 et 9, 13 ; 4 et 4, 8 ; 7 et 3, 10 ; 1 et 7, 8.

Démonstration. Cela revient à l'addition suivante :

73490
7349
80839

10 fois plus une fois, ou 11 fois 7349.

6° Par 37999.

Règle et démonstration. On multipliera par 38000, et écrivant au-dessous de ce produit le nombre à multiplier, on fera la soustraction, ce qui donnera 38000 fois moins une fois, ou 37999 fois ce nombre.

Exemple. 64827 × 37999.

64827
38000
518616
194481
2463426000
64827
2463361173

VI

Divisions abrégées par 5, 25, 125.

1° Par 5.

Règle et démonstration. On divisera un nombre par 5 en séparant un chiffre décimal sur la droite, et en doublant le résultat. En effet, 5 est moitié de 10, et puisqu'on aura pris $\frac{1}{10}$ du nombre pour le multiplier par 2, on en aura les $\frac{2}{10}$ ou $\frac{1}{5}$.

EXEMPLES.

$$\frac{6270}{5} = 627 \times 2 = 1254$$

$$\frac{4327}{5} = 432,7 \times 2 = 865,4$$

$$\frac{0,738}{5} = 0,0738 \times 2 = 0,1476$$

2° Par 25.

Règle et démonstration. On divise par 25 en séparant deux chiffres décimaux sur la droite du nombre proposé, et en multipliant le résultat par 4; car après avoir divisé par 100 et multiplié par 4, on aura pris les $\frac{4}{100}$ ou le $\frac{1}{25}$ du nombre.

EXEMPLES.

$$\frac{6875}{25} = 68,75 \times 4 = 275$$

$$\frac{4327}{25} = 43,27 \times 4 = 173,08$$

$$\frac{7,645}{25} = 0,07645 \times 4 = 0,3058$$

3° Par 125.

Règle et démonstration. Pour diviser par 125, ou $\frac{1}{8}$ de 1000, on sépare 3 chiffres décimaux sur la droite du nombre proposé, et on multiplie le résultat par 8; on aura ainsi les $\frac{8}{1000}$ ou le $\frac{1}{125}$ de ce nombre.

EXEMPLES.

$$\frac{6875}{125} = 6,875 \times 8 = 55$$

$$\frac{432,7}{125} = 0,4327 \times 8 = 3,4616$$

$$\frac{7,75}{125} = 0,00775 \times 8 = 0,062$$

VII

Trouver le reste de la division d'un nombre par 9 ou par 11.

1° Par 9.

Règle. On ajoute ensemble les chiffres du nombre proposé ; quand en les ajoutant on trouve 9, on le néglige ; quand on trouve plus de 9, 15 ou 13, par exemple, on ajoute les chiffres de 15 ou de 13 avant de continuer, et le résultat définitif est le reste de la division.

Exemples. 1° 785315. On dira : 5 et 1, 6 ; et 3, 9, qu'on néglige. 5 et 8 font 13 ; 13 donne 3 et 1, ou 4 ; 4 et 7 font 11 ; 11 donne 1 et 1, ou 2 ; si on divisait immédiatement le nombre par 9, on trouverait le reste 2.

2° 123475678. L'ordre dans lequel on prend les chiffres pour les ajouter est indifférent ; ainsi, on dira, en prenant le premier chiffre et le dernier, puis leurs voisins : 8 et 1, 9 ; 7 et 2, 9 ; 6 et 3, 9 ; 5 et 4, 9, il reste 7.

3° 963. 3 et 6, 9 ; il reste 0, le nombre se divise exactement.

Principe. Quand un chiffre est suivi de quelques zéros, il est un multiple de 9 plus ce chiffre lui-même. Ainsi 8000 est un nombre exact de fois 9, plus 8. En effet, $8000 = 8 \times 1000 = 8$ fois 999 plus 8 fois $1 = 8$ fois un multiple de 9 plus 8.

Démonstration. Ce principe posé, on aura :

700000	=	un multiple de 9	+ 7
80000	=	Id.	+ 8
5000	=	Id.	+ 5
300	=	Id.	+ 3
10	=	Id.	+ 1
5	=		5
785315	=	un multiple de 9	+ (7+8+5+3+1+5)
785315	=	un multiple de 9	+ 29

Mais 29 est de même un multiple de 9, plus 2 et 9 ou 11, et 11 un multiple de 9, plus 1 et 1 ou 2 ; ces multiples ajoutés ensemble donnent un nombre exact de fois 9, et il ne reste que 2.

Remarque. Nous avons donné dans la règle une manière plus rapide d'arriver au reste 2, mais on verra facilement qu'elle donne le même résultat que celle que nous prenons pour la démonstration.

2° Par 11.

Règle. On sépare le nombre en tranches de deux chiffres en allant de droite à gauche ; du nombre formé par chaque tranche on retranche le plus grand multiple de 11 qui y est contenu (11 ou 22 ; 33 ; 44 ; 55 ; 66 ; 77 ; 88). On ajoute les restes entre eux, on néglige 11 toutes les fois qu'on le peut, et on obtient le reste de la division.

Exemples. 1° 6·78·53·15. On dira : 11 de 15, reste 4 ; 44 de 53, reste 9 ; et 4, 13 ; ôtons 11, reste 2 ; 77 de 78, reste 1 ; et 2, 3 ; 6 et 3, 9. Si on divisait directement 6785315 par 11, il resterait 9.

2° 748627. 22 de 27, 5 ; 77 de 86, 9 ; et 5, 14 ; ôtez 11, reste 3 ; 66 de 74, 8 ; et 3, 11 ; ôtez 11, 0. Le nombre 748627 se divise exactement par 11.

Principe. Tout nombre, suivi d'un nombre pair de zéros, est un multiple de 11 plus ce nombre lui-même : ainsi 650000 est un multiple de 11, plus 65.

En effet, $650000 = 65 \times 10000 = 65$ fois $9999 + 65$ fois $1 = 65$ fois $11 \times 909 + 65$, ou un nombre exact de fois 11, plus 65.

Démonstration. D'après ce principe, on aura :

6000000 =	un multiple de 11	+	6
780000 =	Id.	+	78
5300 =	Id.	+	53
15 =			15
6785315 =	un multiple de 11	+	(6 + 78 + 53 + 15)
6785315 =	un multiple de 11	+	152.

Mais 152 est de même un multiple de 11 + (1 + 52) ou un multiple de **11**, plus 53; et 53 un multiple de **11**, qui est 44, plus 9. Ces multiples s'ajoutent, et il ne reste que 9.

REMARQUE. La même que pour 9.

VIII

Preuves par 9 et par 11 de toutes les opérations d'arithmétique.

1° *Addition.*

RÈGLE. Pour la preuve par 9, on ajoute ensemble tous les chiffres de tous les nombres à ajouter, en négligeant 9 toutes les fois qu'on le peut, et on doit trouver le même résultat qu'en ajoutant les chiffres de la somme.

Pour la preuve par 11, on cherche les restes par **11** de tous les nombres à ajouter, on additionne ces restes, on néglige **11** quand on le peut, et on doit avoir le même nombre qu'en cherchant le reste par **11** du total de l'addition.

EXEMPLE.

7642	
207	
6329	Reste par 9, 7; par 11, 9.
2863	
84	
17125	Reste par 9, 7; par 11, 9.

DÉMONSTRATION.

7642	=	multiple de 9	+ 1	=	multiple de 11	+ 8
207	=	Id.	+ 0	=	Id.	+ 9
6329	=	Id.	+ 2	=	Id.	+ 4
2863	=	Id.	+ 1	=	Id.	+ 3
84	=	Id.	+ 3	=	Id.	+ 7

En ajoutant toutes ces égalités, on a :

17125 = multiple de 9 + 7 = multiple de 11 + 31
= multiple de 11 + 9

2° *Soustraction.*

RÈGLE. On cherche les restes par 9 ou par 11 : 1° du reste de l'opération ; 2° du nombre inférieur ; 3° du nombre supérieur ; on ajoute les deux premiers et on doit trouver le troisième.

EXEMPLE.

6748627	Par 9 ; 1ᵉʳ reste 2 ; 2ᵉ 2 ; 3ᵉ 4. 2 et 2 font 4.
3297845	Par 11 ; 1ᵉʳ reste 5 ; 2ᵉ 1 ; 3ᵉ 6. 5 et 1 font 6.
3450782	

DÉMONSTRATION. Le nombre supérieur n'étant autre chose que la somme des deux autres, on peut appliquer à cette somme la preuve de l'addition.

3° *Multiplication.*

RÈGLE. On cherche les restes par 9 ou par 11 : 1° du multiplicande ; 2° du multiplicateur ; 3° du produit ; on multiplie le premier par le second, et le reste par 9 ou par 11 de ce produit doit être égal au troisième.

EXEMPLE.

2096	Par 9 ; 1ᵉʳ reste 8 ; 2ᵉ 6 ; 3ᵉ 3. 6 fois 8 font
357	48, qui donne pour reste 3.
14672	
10480	Par 11 ; 1ᵉʳ reste 6 ; 2ᵉ 5 ; 3ᵉ 8. 5 fois 6 font
6288	30, qui donne pour reste 8.
748272	

DÉMONSTRATION. En effet, 2096 ou un multiple de 9, plus 8, répété 357 fois, doit donner un multiple de 9, plus 357 fois 8, ou 8 fois 357 ; 357 étant un multiple de 9, plus 6, 8 fois 357 donneront un multiple de 9, plus 8 fois 6, ou 48, qui donne le reste 3 en ajoutant 4 et 8, 12 ; 1 et 2, 3. — Même raisonnement pour 11.

REMARQUE I. Si on avait un produit de plusieurs facteurs, on pourrait prendre les restes de chacun d'eux par 9 ou par 11 ; on ferait le produit de tous ces restes, et on devrait trouver pour résultat le reste du produit total.

EXEMPLE. $4 \times 25 \times 8 \times 32 = 25600$.

Les restes par 9 sont : 4; 7; 8; 5. 4 fois 7, 28, reste 1; 8 fois 1, 8; 5 fois 8, 40, reste 4, et 25600 donne bien pour reste 4.

REMARQUE II. Par le fait qu'un seul facteur donne 0 pour reste, le produit doit donner aussi 0 pour reste, car il doit être un multiple exact de 9 ou de 11, un de ses facteurs l'étant.

EXEMPLE. $4 \times 9 \times 25 \times 32 = 28800$.

On saura d'avance que le facteur 9 donnant 0 pour reste, 28800 donne aussi 0, sans qu'il soit besoin de s'occuper des autres facteurs.

4° *Division.*

RÈGLE. On prend les restes : 1° du diviseur; 2° du quotient; 3° du reste de l'opération; 4° du dividende; on fait le produit des deux premiers, on y ajoute le troisième, et le reste par 9 ou par 11 du résultat doit égaler le quatrième.

EXEMPLE.

35863	59
463	607
50	

Par 9 : 1er reste 5; 2e 4; 3e 5; 4e 7. 5 fois 4, 20; et 5, 25, qui donne le reste 7.

Par 11 : 1er reste 4; 2e 2; 3e 6; 4e 3. 4 fois 2, 8; et 6, 14, qui donne 3.

DÉMONSTRATION. Cette opération nous donne : $35863 = 59 \times 607 + 50$, c'est-à-dire que 35863 se trouverait par une multiplication suivie d'une addition; on peut donc faire la preuve de la multiplication d'abord et de l'addition ensuite.

5° *Racine carrée.*

RÈGLE. On prend les restes : 1° de la racine trouvée; 2° du reste de l'opération; 3° du nombre proposé; on fait le carré du premier, on y ajoute le second, et le reste par 9 ou par 11 du résultat doit égaler le troisième.

EXEMPLE.

5863	76
963	146
87	6

Par 9 : 1er reste 4; 2e 6; 3e 4. 4 au carré donne 16; et 6, 22, qui donne 4.

Par 11 : 1er reste 10; 2e 10; 3e 0. 10 au carré fait 100; et 10, 110, qui donne 0.

Démonstration. Cette opération donne : $5863 = 76 \times 76 + 87$, c'est-à-dire que 5863 se trouverait par une multiplication suivie d'une addition ; la preuve doit donc se faire comme pour une multiplication d'abord, et ensuite comme pour une addition.

6° Racine cubique.

Règle. On prend les restes : 1° de la racine trouvée ; 2° du reste de l'opération ; 3° du nombre proposé ; on fait le cube du premier, on y ajoute le second, et on doit trouver le troisième.

Exemple*.

85863	44
21863	124
679	5296

Par 9 : 1er reste 8 ; 2e 4 ; 3e 3. Le cube de 8 est 512 ; et 4, 516, qui donne 3.

Par 11 : 1er reste 0 ; 2e 8 ; 3e 8. Le 3e reste est égal au 2e, parce que le cube du 1er est 0.

Démonstration. L'opération donne : $85863 = 44 \times 44 \times 44 + 679$; la preuve doit donc se faire comme pour une multiplication de trois facteurs suivie d'une addition.

Remarque. La preuve par 9 seule est impuissante à faire reconnaître : 1° une erreur qui serait un multiple de 9 ; 2° une erreur en plus sur un chiffre quelconque, si en même temps on a fait une erreur égale en moins sur un autre chiffre quelconque. Or la preuve par 11, qui indique généralement la deuxième erreur, indique toujours la première, tout en n'indiquant pas une erreur d'un multiple de 11 que la preuve par 9 fait reconnaître ; on devra donc, lorsqu'il s'agira d'un calcul important, faire les deux preuves, parce qu'alors il n'y aura plus qu'une erreur d'un multiple exact de 9×11 ou de 99 qui puisse rester inaperçue.

IX

Quel est le meilleur système de numération.

Dix est la base de notre système de numération ; dix unités font une dizaine, dix dizaines font une centaine, etc., parce que nos

* On trouvera plus tard expliquée cette manière d'extraire une racine cubique.

pères comptaient ainsi. Mais ils comptaient ainsi, parce que n'ayant pas, dans l'origine, besoin de très-grands nombres, ils comptaient sur leurs doigts, mettaient à part un petit caillou (en latin *calculus*, d'où notre mot français *calcul*) dès qu'ils avaient épuisé leurs dix doigts, un second caillou lorsqu'ils avaient compté encore une fois leurs dix doigts, et ainsi de suite. Si donc nous avions huit doigts, les ordres d'unités seraient de huit en huit fois plus grands, et nous aurions le système octaval; si nous avions douze doigts, ce serait le système duodécimal, et l'habitude nous aurait rendu les opérations dans l'un quelconque de ces systèmes aussi faciles que dans le système décimal.

Il y a donc lieu, au point de vue philosophique, de se demander si notre système décimal, tant vanté, est le plus commode et le plus beau. On a déjà répondu bien des fois : non, et pour appuyer cet avis, nous allons comparer le système décimal au système duodécimal, qui nous semble l'emporter sur lui.

Disons d'abord quelques mots de la numération dans ce système. Les nombres seront : un, deux, trois, quatre, cinq, six, sept, huit, neuf, dix, onze; douze, douze-un, douze-deux, douze-trois.....; douze-onze; deux douze, deux douze-un.....; trois douze.....; onze douze-onze; grosse, grosse-un.....; sept grosse-quatre douze-huit.....; onze grosse-onze douze-onze....., nombres qui s'écriraient respectivement, en admettant le chiffre A pour représenter dix, et B pour représenter onze :

1, 2, 3, 4, 5, 6, 7, 8, 9, A, B; 10, 11, 12, 13..... 1 B; 20, 21.....; 30.....; BB; 100, 101.....; 748...; BBB. Ainsi 10 voudrait dire notre nombre 12, 11 correspondrait à 13....., 1 B à 23, 20 à 24....., 30 à 36....., BB à 143....., 100 à 144, BBB à 1727. Ainsi les grands nombres s'écriraient déjà avec moins de chiffres, ce qui ferait plus que compenser l'inconvénient d'avoir les deux chiffres de plus : A et B.

Mais ce n'est là qu'un avantage contestable, en voici un bien plus plus important. Considérons les fractions ordinaires, et voyons celles qui peuvent se réduire en fractions décimales ou en fractions duodécimales, nous trouverons :

	Système décimal.	Système duodécimal.
$\frac{1}{2}$	0,5	0,6 (six douzièmes.)
$\frac{1}{3}$	impossible	0,4

	Système décimal.	Système duodécimal.
$\frac{1}{4}$	0,25	0,3
$\frac{1}{5}$	0,2	impossible.
$\frac{1}{6}$	impossible	0,2
$\frac{1}{8}$	0,125	0,16 (douze-six grossièmes.)
$\frac{1}{9}$	impossible	0,14
$\frac{1}{10}$	0,1	impossible.
$\frac{1}{12}$	impossible	0,1
$\frac{1}{16}$	0,0625	0,09
$\frac{1}{18}$	impossible	0,08
$\frac{1}{20}$	0,05	impossible.
$\frac{1}{24}$	impossible	0,06

Ainsi, pour prendre les fractions les plus usitées d'un nombre, depuis la moitié jusqu'à la 24e partie inclusivement, le système duodécimal est en défaut 3 fois, et le nôtre 6 fois; le premier donne 10 divisions exactes, et le second 7 seulement, et quand les deux s'y prêtent, le système duodécimal le fait avec une ou deux *décimales* de moins que le nôtre.

Remarquez que, jusqu'au 4e ordre d'unités, nous n'avons pas eu besoin d'inventer un seul nom; la grosse des marchands d'épingles, qui s'inquiètent bien plus d'utilité que de système, est venue tout naturellement.

Veuillez maintenant examiner avec nous ce qu'on a fait dans les anciennes mesures. Aussitôt que nos pères ont eu besoin de mesures délicates, vous les verrez prendre le nombre 12.

Pour les poids, la livre valait 2 marcs; le marc, 8 onces; l'once, 8 gros; pas de divisions par 12 jusque-là; mais le gros valait 72 grains, 6 fois 12, ce qui permettait de prendre toutes les fractions usitées d'un poids quelconque en poids exacts.

Pour les monnaies, la livre valait 20 sous, et le sou 12 deniers.

Et les pièces de 12 sous, de 24 sous, l'écu de 6 livres, et le louis d'or de 24 livres!

Et la circonférence en 360 degrés, 30 fois 12! le degré en 60 minutes, 5 fois 12! Cette division est restée, et prévaudra longtemps encore sur la nouvelle, parce que les savants, qui ne se servent pas d'aunes ni d'onces, se servent de degrés, et qu'ils sauront bien, tout en le défendant aux autres, conserver pour eux le système duodécimal.

Et le jour en 12 heures! et l'année en douze mois!

Et la toise en 6 pieds; le pied en 12 pouces; le pouce en 12 lignes; la ligne en 12 points!

Sans doute il aurait fallu des réformes : la toise aurait eu 12 pieds, la livre tournois 12 sous, et le sou 12 deniers, et alors le système duodécimal venant, on écrivait 2 pieds 1 pouce 3 lignes : 213 lignes, *deux grosse-douze-trois lignes* et à 3 sous 2 deniers la ligne, on obtenait le prix total en multipliant 32 deniers, *trois douze-deux deniers*, par 213.

```
 213
  32
----
 426
639
----
67B6
```

Six douze-sept livres, onze sous, six deniers.

Et quelle mesure de longueur avons-nous? le mètre, qui n'est pas la dix-millionième partie du quart du méridien terrestre, puisque, d'après les calculs les plus récents, qu'on a tout lieu de croire les plus justes, mais qui seront peut-être démentis par d'autres calculs futurs, le méridien a 40003424 mètres, au lieu de 40000000 juste. Les 3424 mètres de différence, viennent de ce qu'au moment où on a établi le mètre, on croyait que la terre n'avait qu'un aplatissement de $\frac{1}{334}$, tandis qu'il est de $\frac{1}{299}$.

Quand un enfant demandait autrefois à son père ce qu'était une toise, on lui répondait : C'est la taille de cet homme qui passe, et l'enfant se gravait dans la tête immédiatement cette mesure. Que lui répondre quand il demande ce qu'est le mètre? la dix-millionième partie du quart du tour de la terre, en passant par les pôles? Que d'hommes meurent sans l'avoir compris!

La toise ne nous semble pouvoir être bien remplacée que par la longueur du pendule qui bat la seconde à l'équateur, ou par l'espace que parcourt un corps dans la première seconde de sa chute, à l'équateur, ou une portion de cet espace.

Nous n'insistons pas sur les mots de grosse, de douze, qu'on aurait pu prendre plus doux; mais nous croyons que la seule cause des hésitations des autres peuples à adopter notre système décimal, c'est que les leurs sont plus commodes pour les usages de la vie, et que c'est là aussi la cause de la difficulté qu'on éprouve à le rendre populaire en France.

Pour ceux qu'effraierait un aussi grand changement dans la manière de compter, nous ajouterons qu'en laissant au peuple ses usages commodes, en les lui rendant même plus commodes, et en ne s'adressant, pour la manière de calculer, qu'à ceux qui étudient, on serait arrivé bien plus sûrement et plus promptement au but, qu'en créant une facilité pour les gens instruits, et une difficulté pour ceux qui ne le sont pas.

Terminons en disant qu'en régularisant les anciennes mesures, on a réalisé un mieux notable, mais qu'on n'a pas réalisé tout le bien qu'on pouvait faire, et que ce bien est malheureusement à peu près impossible maintenant.

X

Bâtons arithmétiques de Néper, pour faire rapidement la multiplication.

5		1	7	3	6	7	9
1/0		2	1/4	0/6	1/2	1/4	1/8
1/5		3	2/1	0/9	1/8	2/1	2/7
2/0		4	2/8	1/2	2/4	2/8	3/6
2/5		5	3/5	1/5	3/0	3/5	4/5
3/0		6	4/2	1/8	3/6	4/2	5/4
3/5		7	4/9	2/1	4/2	4/9	6/3
4/0		8	5/6	2/4	4/8	5/6	7/2
4/5		9	6/3	2/7	5/4	6/3	8/1

DESCRIPTION. On construit, en fort papier, de petites bandes semblables à la première de celles que nous donnons ici, contenant les produits de 5 par chacun des 9 premiers nombres; les dizaines de chaque produit sont séparées des unités par une barre transversale. On en construit deux ou trois pour chacun des neuf premiers chiffres, et on fait, de plus, une bande contenant les neuf premiers chiffres par ordre.

Règle. Cela fait, si on veut multiplier le nombre 73679, par exemple, par un nombre quelconque, à droite de la bande qui contient les neuf premiers chiffres, on placera successivement la bande des multiples de 7, celle des multiples de 3, celle de 6, une autre de 7, celle de 9, et on aura un tableau disposé comme ci-dessus. Ce tableau donnera les produits partiels de 73679 par chacun des neuf premiers nombres, par 6, par exemple, en prenant la colonne horizontale qui suit le chiffre 6 de la première bande, en écrivant le chiffre des unités de la première case à droite, en ajoutant les dizaines aux unités de la suivante, et ainsi de suite, et on dira : 4; 5 et 2, 7; 4 et 6, 10; 4 et 8, 12; 2 et 2, 4; puis 4, et on aura 442074 pour le produit 73679 × 6. Si donc on veut avoir 73679 × 5867, on écrira les produits partiels, qu'on formera au moyen de la règle et du tableau précédents, et on disposera la multiplication comme à l'ordinaire.

```
     73679
      5867
    ------
    515753
   442074
  589432
 368395
---------
 432274693
```

Jean Néper, baron de Markinston, en Écosse, vécut de 1550 à 1617, et s'occupa surtout de trouver des simplifications aux méthodes d'arithmétique et de trigonométrie en usage de son temps. Ses travaux dans cette dernière partie l'ont conduit à l'admirable invention des logarithmes, une des plus belles de la science.

XI

Un cent de piquet sans cartes.

Vous convenez avec un ami qu'un de vous deux dira au hasard un nombre au-dessous de 11, que l'autre y ajoutera un nombre inférieur à **11**, à sa volonté, puis que le premier augmentera à son tour le résultat de moins de **11**, et ainsi de suite. Celui qui, dans ces conditions, pourra nommer **100** le premier, aura gagné.

Pour gagner, emparez-vous, dans le courant de la partie, d'un des nombres **1**, **12**, **23**, **34**, **45**, **56**, **67**, **78**, **89**, et dès que vous en aurez pris un, quoi que fasse votre adversaire, il ne pourra vous empêcher de compter successivement tous les autres, et enfin le nombre **100**.

On peut, en général, faire le même jeu avec tout autre nombre et toute autre convention ; il suffira, pour toujours gagner, de connaître le reste de la division du nombre qui finit la partie, par celui qui limite les nombres qu'il est permis d'ajouter, et de s'emparer, dans le cours du jeu, de ce reste, plus autant de fois qu'on voudra le nombre limite.

Ainsi, si l'on veut, en ajoutant moins de **7**, gagner à **52**, on dira : **52** divisé par **7** donne le reste **3**, et on prendra dans la partie ce nombre **3** ; ou **3**+**7**, ou **3**+**2** fois **7**, ou **3**+**3** fois **7**, etc., c'est-à-dire un des nombres **3**, **10**, **17**, **24**, **31**, **38**, **45**, et l'adversaire ne pourra pas gagner.

Laissez gagner quelquefois, pour qu'on ne découvre pas votre combinaison.

XII

Deviner, dans une soirée, l'heure à laquelle une personne projette de se lever le lendemain matin.

RÈGLE A SUIVRE. Ecrivez les douze premiers nombres sur douze petites cartes, puis placez-les par ordre sur une table, en les disposant en rond ; retournez-les et remarquez attentivement la place du numéro **1** ; priez alors une personne de toucher une carte dont vous saurez le nombre, puisque vous connaissez la place de la première. Ajoutez *douze* à ce nombre et donnez le résultat à la personne en lui disant de compter jusqu'à ce résultat sur les cartes dans le sens des numéros décroissants, en commençant à compter sur la carte touchée l'heure à laquelle elle désire se lever. Faites-lui retourner la carte à laquelle elle s'arrêtera, son heure y sera écrite.

EXEMPLE. Si la personne a pensé à se lever à huit heures et a touché la *septième* carte, elle comptera jusqu'à 19 ou 12+7, en commençant à dire son nombre 8 sur la 7e carte qu'elle aura touchée, 9 sur la 6e, 10 sur la 5e, et ainsi de suite; elle s'arrêtera infailliblement à la carte qui porte le numéro 8.

DÉMONSTRATION. Si, à partir de la 7e carte, la personne comptait jusqu'à 19 en commençant par 1, elle ferait nécessairement une fois le tour en comptant jusqu'à 12, et arriverait au numéro 1 en achevant le nombre 19; mais, puisqu'elle commence à 8, elle devra rester en définitive de 8 en deçà, c'est-à-dire à la carte qui marque son heure.

REMARQUE. On pourrait, au lieu de faire soi-même des cartes, se servir des 10 cartes non figurées d'une couleur quelconque d'un jeu complet de 52 cartes; alors il ne faudrait ajouter que 10 au numéro de la carte touchée, mais si la personne pensait se lever à onze heures ou à midi, il est clair que l'on serait en défaut. Un jeu de dominos peut fort bien servir aussi.

XIII

Méthode dite des parties aliquotes, pour faire quelques règles d'intérêt et d'escompte.

PRINCIPES. 1° On trouve la rente (l'intérêt pour un an) d'une somme à 5 % en séparant un chiffre décimal à droite du capital et en prenant la moitié du résultat.

EXEMPLES :

La rente de 384 f. à 5 % est..... $\frac{38,4}{2}$ = 19 f. 20.

— 70 f. à 5 % est..... $\frac{7}{2}$ = 3 f. 50.

— 7854 f. 60 à 5 % est.. $\frac{785,46}{2}$ = 392 f. 73.

2° On trouve la rente à $\frac{1}{2}$ % en séparant un chiffre décimal à droite de la rente à 5 %.

EXEMPLES :

La rente de 384 f. à $\frac{1}{2}$ $^0/_0$ est.........		1 f. 92
—	70 f. à $\frac{1}{2}$ $^0/_0$ est.........	0 f. 35
—	7854 f. 60 à $\frac{1}{2}$ $^0/_0$ est.......	39 f. 273

3° On trouve la rente d'un capital à 6 $\frac{1}{2}$ $^0/_0$; 4 $^0/_0$; 3 $\frac{3}{4}$ $^0/_0$ en prenant la rente à 5 $^0/_0$ et lui ajoutant la rente à 1 $\frac{1}{2}$ $^0/_0$, ou en retranchant la rente 1 $^0/_0$, 1 $\frac{1}{4}$ $^0/_0$, etc.

EXEMPLES :

Rente de 384 f. à 6 $\frac{1}{2}$ $^0/_0$.

—	5 $^0/_0$..	19,20
—	1 $^0/_0$..	3,84
—	$\frac{1}{2}$ $^0/_0$..	1,92
	6 $\frac{1}{2}$ $^0/_0$.	24 f. 96

Rente de 74 f. à 4 $^0/_0$.

—	5 $^0/_0$..	3,70
—	1 $^0/_0$..	0,74
	4 $^0/_0$..	2 f. 96

Rente de 7854 fr. 60 à 3 $\frac{3}{4}$ $^0/_0$:

Rente	5 $^0/_0$.....	392,73
—	1 $\frac{1}{4}$ $^0/_0$.....	98,1825
	3 $\frac{3}{4}$ $^0/_0$.....	294,5475

Rente	1 $^0/_0$.....	78,546
—	$\frac{1}{4}$ $^0/_0$.....	19,6365
	1 $\frac{1}{4}$ $^0/_0$.....	98,1825

DÉMONSTRATION. 1° La rente d'un capital à 5 $^0/_0$ est le 20e, et par conséquent la moitié du 10e de ce capital.

2° La rente à $\frac{1}{2}$ $^0/_0$ est le 10e de la rente 5 $^0/_0$.

3° C'est de l'évidence.

RÈGLE. Pour trouver l'intérêt d'une somme pendant un certain temps, on en cherche la rente, puis on partage le temps en parties telles, que les intérêts, pendant ces parties de temps, puissent facilement se tirer de la rente, et on ajoute les résultats.

APPLICATIONS. 1° Trouver l'intérêt de 4623 fr. 20, à 4 $\frac{1}{2}$ $^0/_0$, pendant 7 ans 8 mois 27 jours.

Rente 5 %... 231,16	Pour	1 an...	208,044
— $\frac{1}{2}$ %... 23,116	—	6 ans..	1248,264
4 $\frac{1}{2}$ %... 208,044	— $\frac{1}{2}$ an. ...	6 mois.	104,022
	— $\frac{1}{3}$ de 6 m..	2 mois.	34,674
	— $\frac{1}{10}$ de 2 m.	6 jours.	3,4674
	— 3 fois 6 j.	18 jours.	10,4022
	— $\frac{1}{2}$ de 6 j..	3 jours.	1,7337
	7 ans 8 mois 27 jours.......		1610,61

2° Que devient une somme de 8326 fr. en 3 ans 7 mois 20 jours, à 6 %?

100 fr. en 1 an	rapportent..........	6
— 2	—	12
— 6 mois	—	3
— 1	—	$\frac{1}{2}$
$\frac{1}{3}$ de 2 mois ou 20 jours	—	$\frac{1}{3}$
En 3 ans 7 mois 20 jours.....		$21\ \frac{5}{6} = \frac{131}{6}$

100 fr., dans le temps donné, deviennent			$100 + \frac{131}{6}$
1 fr.	—	—	$1 + \frac{1,31}{6} = \frac{7,31}{6}$
8326 fr.	—	—	$\frac{7,31}{6} \times 8326$

$$\frac{7,31}{6} \times 8326 = \frac{7,31 \times 4163}{3} = 10143 \text{ fr. } 84.$$

3° Quelle est la somme qui, à 4 $\frac{1}{2}$ %, est devenue 2563 fr. 70 en 5 ans 2 mois 18 jours?

100 fr. en 1 an	rapportent......	4 $\frac{1}{2}$
— 4	—	18
— 2 mois	—	$\frac{3}{4}$
$\frac{3}{10}$ de 2 mois, 18 jours	—	$\frac{9}{40}$
5 ans 2 mois 18 jours....		$23\ \frac{19}{40} = \frac{939}{40}$

100 fr. en 5 ans 2 m. 18 j. deviennent donc			$100 + \frac{939}{40}$
1	—	—	$1 + \frac{9,39}{40} = \frac{49,39}{40}$

Donc, autant de fois $\frac{49,39}{40}$ sont contenus dans 2563,70, autant il y a de francs dans la somme.

La somme est donc $\frac{2563,70 \times 40}{49,39} = 2076$ fr. 29.

4° Quel est le montant d'un billet payable dans 2 mois 20 jours, pour lequel un banquier a donné 3256 fr., le taux d'escompte étant 6 %?

100 fr. subissent	pour 1 an	une retenue de		6 fr.
—	— 2 mois	—	......	1
—	$\frac{1}{3}$ de 2 mois.. 20 jours	—	......	$\frac{1}{3}$
—	— 2 mois 20 jours	—	......	$1\frac{1}{3} = \frac{4}{3}$

Pour 100 fr. le banquier donne donc $100 - \frac{4}{3} = \frac{296}{3}$; pour 1 fr. il donnera $\frac{2,96}{3}$. Donc, autant de fois $\frac{2,96}{3}$ seront contenus dans 3256, autant le billet valait de francs. Son montant est donc :

$$\frac{3256 \times 3}{2,96} = \frac{814 \times 300}{74} = 11 \times 300 = 3300$$

XIV

Méthode des parties proportionnelles pour faire les règles de mélange et d'alliage.

On peut résoudre les questions de mélange et d'alliage dans lesquelles il est besoin de connaître le rapport des deux quantités à mélanger, de la manière suivante :

Règle. On écrit d'abord le prix moyen qu'on veut obtenir ; en regard, on écrit les deux prix d'achat et leurs différences avec le prix moyen.

La *première* différence indique combien il faut prendre de la *deuxième* espèce de quantités, et la *deuxième* différence, ce qu'il faut prendre de la *première*.

Exemple. Combien faut-il prendre de vin à 62 cent. et à 84 cent., pour faire du vin à 75 cent. le litre ?

	Achat.	Différ.
Prix moyen..... 75 c.	62	13
	84	9

On prendra 9 litres à 62 cent. et 13 litres à 84 cent.

DÉMONSTRATION. En effet, chaque fois qu'on prend 1 litre à 62 pour le vendre 75, on gagne 13; si on en prend 9, on gagnera 9 fois 13. En prenant 1 litre à 84 pour le vendre 75, on perd 9, et si on en prend 13, on perdra 13 fois 9, autant qu'on avait gagné : le mélange est donc bien fait.

APPLICATIONS. 1° Combien de litres de vin à 70 cent. et à 95 cent. faut-il prendre pour avoir 200 litres à 80 cent. ?

$$80 \left\{ \begin{array}{ccc} 70 & & 10 \\ & \times & \\ 95 & & 15 \end{array} \right.$$

En opérant d'abord comme ci-dessus, on trouve que pour avoir du vin à 80 cent. on peut mélanger 15 litres à 70 cent. et 10 litres à 95 cent. Mais 15 litres et 10 litres ne font que 25 litres, et il en faut 200. On continuera donc l'opération de la manière suivante :

Sur 25 lit.,	on en prendra	10 à 95	et	15 à 70
— 1	—	$\frac{10}{25}$	—	$\frac{15}{25}$
Ou		$\frac{2}{5}$	—	$\frac{3}{5}$
Sur 200 lit.,	—	$\frac{2}{5} \times 200$		$\frac{3}{5} \times 200$
Ou		2×40		3×40
Ou		80 à 95	et	120 à 70

2° Combien d'eau faut-il ajouter à 280 litres de vin à 90 cent. pour faire du vin à 70 cent. ? (On admettra que le prix de l'eau peut être exprimé par 0.)

$$70 \left\{ \begin{array}{ccc} 90 & & 20 \\ & \times & \\ 0 & & 70 \end{array} \right.$$

Sur 70 lit. de vin,	on prend.........	20 lit. d'eau.
— 1	—	$\frac{2}{7}$
— 280	—	$\frac{2}{7} \times 280$

Ou $2 \times 40 = 80$ litres d'eau.

3° Combien faut-il ajouter de vin à 1 fr. 10, à 150 lit., du prix de 60 cent., pour faire du vin à 80 cent. ?

$$80 \left\{ \begin{array}{ccc} 110 & & 30 \\ & \times & \\ 60 & & 20 \end{array} \right.$$

Sur 30 lit.	à 60 cent. on met.....	20 lit.	à 1 fr. 10
— 1	—	$\frac{2}{3}$	—
— 150	—	$\frac{2}{3} \times 150$	—

$$\frac{2}{3} \times 150 = 2 \times 50 = 100$$

4° Combien faut-il prendre d'un lingot d'argent au titre de 0,725, et d'un autre au titre de 0,972, pour faire 2 kilog. d'argent monnayé (titre 0,900) ?

Traduisez : combien faut-il prendre de vin à 725 et à 972 pour en faire 2 litres à 900 ?

$$900 \left\{ \begin{array}{ccc} 725 & & 175 \\ & \times & \\ 972 & & 72 \end{array} \right.$$

Sur 247 kilog.	on en prend	72 à 725	et	175 à 972
— 1	—	$\frac{72}{247}$	—	$\frac{175}{247}$
— 2	—	$\frac{72}{247} \times 2$	—	$\frac{175}{247} \times 2$
		Ou 0 k., 583		1 k., 417

5° Combien d'argent pur (titre 1000) faut-il ajouter à un lingot de 2 kilog., au titre de 0,725, pour faire de l'argent monnayé (titre 0,900) ?

$$900 \left\{ \begin{array}{ccc} 1000 & & 100 \\ & \times & \\ 725 & & 175 \end{array} \right.$$

A 100 kil.	du lingot	on ajoutera	175 k.	d'argent pur.
A 1	—	—	1,75	—
A 2	—	—	$1,75 \times 2$	—

$$1 \text{ k.}, 75 \times 2 = 3 \text{ k.}, 500 \text{ gr.}$$

6° Combien de cuivre (titre 0) faut-il ajouter à un lingot de

2 kil. 325 gr., au titre de **0,972**, pour faire de l'argent monnayé?

$$900 \left\{ \begin{array}{cc} 972 & 72 \\ & \times \\ 0 & 900 \end{array} \right.$$

A 900 k.	du lingot	on ajoute	72 k.	de cuivre.
A 1	—	—	$\frac{72}{900} = \frac{8}{100}$	—
A 2,325	—	—	$0,08 \times 2,325$	—

$$0,08 \times 2,325 = 186 \text{ gr.}$$

7° Payer 360 fr. avec 300 pièces de 2 fr. et de 50 cent. Valeur moyenne d'une pièce : $\frac{360}{300} = 1$ fr. 20.

$$120 \left\{ \begin{array}{cc} 200 & 80 \\ & \times \\ 50 & 70 \end{array} \right.$$

Sur 150 pièces,	on en prendra	80 à 50 cent.	et	70 à 2 fr.
— 1	—	$\frac{8}{15}$	—	$\frac{7}{15}$ —
— 300	—	$\frac{8}{15} \times 300$	—	$\frac{7}{15} \times 300$
Ou............		8×20		7×20

On prendra 140 pièces de 2 fr. et 160 de 50 cent.

REMARQUE. S'il y avait plus de deux espèces de vin données pour faire un mélange, on en prendrait ce qu'on voudrait de chaque espèce, dans des limites convenables, excepté de deux espèces, et on prendrait ces deux dernières espèces dans le rapport nécessaire pour compléter le mélange. Il en serait de même si on donnait plus de deux lingots pour en faire un troisième ou plus de deux espèces de pièces pour payer une somme. Dans ce cas, le problème serait un problème indéterminé.

XV

Moyen rapide d'obtenir un certain nombre de chiffres exacts à gauche d'un produit (multiplication abrégée).

RÈGLE. On place le chiffre des unités du multiplicateur *deux* rangs à droite du chiffre du multiplicande, qui indique l'ordre auquel on veut s'arrêter (c'est-à-dire sous les millièmes si on veut s'arrêter dans le produit aux dixièmes, sous les unités si on ne veut que des centaines au produit, etc.). On écrit ensuite le reste du multiplicateur à rebours. On prend le premier chiffre à droite du multiplicateur et on multiplie le chiffre supérieur et toute la gauche du multiplicande par ce premier chiffre, en négligeant ce qui est à droite. On prend ensuite le deuxième chiffre du multiplicateur, et on fait de même qu'avec le premier, en négligeant tout ce qui est à droite de ce deuxième chiffre; et ainsi de suite jusqu'au dernier chiffre à gauche du multiplicateur (le premier chiffre à droite de chaque produit partiel doit toujours être écrit dans la même colonne verticale), puis on fait la somme, et dans cette somme on néglige les deux chiffres à droite, en augmentant le troisième d'une unité. On met la virgule sous la virgule du multiplicande.

EXEMPLES. 1° 3,142792659... × 62,7182835... à $\frac{1}{100}$ près.

```
    3,1427926...
 ...38281726
 ------------
    1885674
      62854
      21994
        314
        248
          6
 ------------
    197,11..
```

2° Le rayon moyen de la terre est 1591 lieues, 5 ; quelle en est la circonférence moyenne, à 1000 lieues près?

Circonférence $= 2\pi R = 2 \times 3{,}1415926... \times 1591{,}5 = 3{,}14 \times 3183$.

```
 318
 413
 ----
 954
  31
  12
 ----
 10..
```

Réponse. 10000 lieues.

3° $\sqrt[3]{0,413} \times \sqrt{56}$ à 1 unité près.

Il faudra mettre le chiffre des unités de $\sqrt{56}$, qui n'a qu'un chiffre entier sous le chiffre des centièmes de $\sqrt[3]{0,413}$; donc on n'aura qu'à calculer 2 chiffres dans $\sqrt[3]{0,413}$ pour avoir les centièmes, et comme cette racine cubique n'a pas d'entiers, il suffira de calculer un chiffre de dixièmes à $\sqrt{56}$. On aura donc :

$$\sqrt[3]{0,413} \times \sqrt{56} = 0,74 \times 7,4$$

$$\begin{array}{r} 0,74 \\ 47 \\ \hline 518 \\ 28 \\ \hline 6.. \end{array}$$

$$\sqrt[3]{0,413} \times \sqrt{56} = 6$$

C'est là un résultat très-important de la règle que nous venons d'énoncer. En réfléchissant un peu, on trouvera toujours le nombre exact des chiffres dont on a besoin, et par conséquent, si ces chiffres dépendent de calculs à faire, on ne les fera que jusqu'à ce qu'on ait obtenu les chiffres nécessaires.

Démonstration. Prenant le premier exemple, nous dirons : dans la première multiplication partielle, nous avons négligé de multiplier $0,0000026 < 0,00001$ par 6 dizaines; si on avait négligé juste 0,00001 multiplié par 60, on aurait fait une erreur par défaut juste de 0,0006; puisqu'on a négligé moins que 0,00001, l'erreur est $< 0,0006$. Dans la deuxième, on a négligé $0,0000926 < 0,0001$ multiplié par 2 unités, d'où une erreur, toujours par défaut, $< 0,0002$. A la troisième, omission de $0,0007926 < 0,001$ multiplié par 0,7, erreur $< 0,0007$; à la quatrième, erreur $< 0,0001$; à la cinquième, erreur $< 0,0008$; à la sixième, erreur $< 0,0002$; enfin, on a négligé tout le multiplicande < 10 multiplié par 0,000083 $< 0,00009$; erreur $< 0,0009$. En tout on a donc une erreur $< 6 + 2 + 7 + 1 + 8 + 2 + 9 = 35$ dix-millièmes, c'est-à-dire plus petite que la somme des chiffres du multiplicateur employés, plus le suivant augmenté de 1. Il faudrait donc que cette somme fût plus grande que 100 pour ne plus pouvoir dire que l'erreur est plus petite que 100 dix-millièmes ou que 1 centième.

Notre produit, si on avait fait l'addition complète, serait 197,1090 ; mais il est trop faible; seulement, comme l'erreur $< 0{,}0035$, il est clair que le vrai produit est plus petit que $197{,}1090 + 0{,}0035 = 197{,}1125$. On voit donc que si on laissait 197,10, on risquerait de se tromper de plus de 0,01, et qu'il faut forcer le dernier chiffre conservé.

Nous avons vu dans la démonstration que tous les produits partiels expriment des dix-millièmes; c'est pourquoi il faut les écrire directement les uns sous les autres.

REMARQUE. En reprenant notre raisonnement, on verra facilement que si la somme des chiffres du multiplicateur dont on a parlé n'excédait pas 10, on pourrait mettre le chiffre des unités un rang seulement à droite, au lieu de deux rangs, ce qui simplifierait encore, mais alors on ne négligerait qu'un chiffre au total, en augmentant le deuxième d'une unité.

EXEMPLE. 765,3426... × 2,010325, à 0,1 près.

$$\begin{array}{r} 765{,}34 \\ 2301\ 02 \\ \hline 1530\ 68 \\ 7\ 65 \\ 21 \\ \hline 1538{,}5. \end{array}$$

La somme en question étant $2 + 1 + 3 + 3 = 9$, l'erreur, en répétant le raisonnement que nous avons fait, serait plus petite que 0,09, c'est-à-dire plus petite que 0,1.

Si la somme des chiffres dépassait 100, il faudrait mettre le chiffre des unités du multiplicateur trois rangs à droite.

XVI

Moyen rapide d'obtenir un certain nombre de chiffres exacts à gauche d'un quotient (division abrégée).

RÈGLE. Supposons, pour fixer les idées, qu'on veuille trouver les cinq premiers chiffres d'un quotient. Sur la gauche du diviseur il faut prendre au moins ce nombre 5 (c'est-à-dire que si le diviseur commence par 5 ou par un chiffre plus fort, ce premier chiffre suffira; s'il commence par un chiffre plus faible que 5, on prendra les deux premiers chiffres); à droite de cette première partie, on prendra encore autant de chiffres qu'on en veut au quotient, et on négligera les autres. On prend ensuite sur la gauche du dividende autant de chiffres qu'il en faut pour commencer la division, et on néglige les autres. On cherche alors le premier chiffre du quotient et le reste correspondant; on supprime un chiffre sur la droite du diviseur et on divise le reste par le nouveau diviseur, pour avoir le deuxième chiffre du quotient, on supprime encore un chiffre à droite du diviseur, et on divise le second reste par ce nouveau diviseur, et ainsi de suite, jusqu'à ce qu'on ait trouvé tous les chiffres qu'on veut obtenir.

EXEMPLES. 1° $\frac{673,4327189}{78,046293}$ à 0,001 près.

673432	78046
49064	8628
2240	
680	
56	

Le quotient est 8,628.

2° Trouver à 1 kilom. près le diamètre de la terre, sa circonférence étant supposée de 40003424 mètres.

Réponse. $\frac{40003424}{3,1415926\ldots}$ à 1000 unités près.

Deux chiffres de millions et 3 chiffres pour la classe des mille, donneront 5 chiffres au quotient; il faudra prendre 31 au diviseur et 5 chiffres à droite.

4000342	3141592
858750	12733
230432	
10527	
1104	
162	

Le diamètre terrestre est de 12733 kilom.

3° Calculer $\dfrac{\sqrt{32}}{\sqrt[3]{403824}}$ à 0,001 près.

C'est à peu près $\dfrac{6}{70}$, qui, réduite en décimales, commence aux centièmes; le quotient aura donc 2 chiffres; on prendra $\sqrt[3]{403824}$ avec 3 chiffres, et $\sqrt{32}$ avec 4 chiffres.

$$\sqrt{32} = 5,656\ldots; \quad \sqrt[3]{403824} = 73,9.$$

$$\begin{array}{r|l} 5656 & 739 \\ \cline{2-2} 483 & 76 \\ 45 & \end{array}$$

$$\frac{\sqrt{32}}{\sqrt[3]{403824}} = 0,076$$

Principe. Si la partie entière d'un diviseur décimal est plus grande qu'un certain nombre de fois le quotient, quatre fois, par exemple, l'erreur commise au quotient, en négligeant les décimales du diviseur, sera plus petite que $\frac{1}{4}$.

Soit, en effet, $\dfrac{11}{8,4}$; le quotient sera plus petit que 2, et par conséquent la partie entière, 8, du diviseur est plus grande que 4 fois le quotient. Or, dans ce cas, l'erreur est évidemment

$$\frac{11}{8} - \frac{11}{8,4} = \frac{11 \times 8,4 - 11 \times 8}{8 \times 8,4} = \frac{11 \times 0,4}{8,4 \times 8} = \frac{11}{8,4} \times \frac{0,4}{8}$$

Si nous désignons $\dfrac{11}{8,4}$ ou le quotient exact par q, nous pourrons écrire pour l'erreur : $q \times \dfrac{0,4}{8}$, mais la fraction $\dfrac{0,4}{8}$ est plus petite que $\dfrac{0,4}{4 \times q}$, puisque 8 est plus grand que 4 fois q, et à plus forte raison on a $\dfrac{0,4}{8} < \dfrac{1}{4 \times q}$; on aura donc erreur $< q \times \dfrac{1}{4 \times q}$ ou $< \frac{1}{4}$.

Démonstration. Ce principe admis, prenons la division $\dfrac{673,4327189}{78,046293}$; à 0,001 près, ce sera la même chose que $\dfrac{673432,7189}{78046,293}$, à 0,001 près, ou que $\frac{673432718,9}{78046,293}$, à une unité près, si on a soin de diviser par 1000 le quotient. Or, ce quotient, qui a 4 chiffres, est plus petit que 10000, et la partie entière 78046 du diviseur étant plus grande que 7 fois le quotient, on peut négliger les décimales et faire la division :

$$\begin{array}{r|r|l} 673432 & 718,9 & \underline{78046} \\ 49064 & 718,9 & 8 \end{array}$$

en faisant, d'après le principe, une erreur $<\frac{1}{7}$ sur le quotient.

Il restera la division $\frac{49064718,9}{78046,293}$ ou $\frac{4906471,89}{7804,6293}$; mais ce quotient n'aura plus que 3 chiffres et sera plus petit que 1000 ; donc, en ne prenant que la partie entière 7804 du diviseur, qui est plus grande que 7 fois 1000 et que 7 fois le quotient, on divisera :

$$\begin{array}{r|r|l} 49064 & 71,89 & \underline{7804} \\ 2240 & 71,89 & 6 \end{array}$$

avec une nouvelle erreur $<\frac{1}{7}$.

Il restera $\frac{224071,89}{7804,6293}$ ou $\frac{22407,189}{780,46293}$; mais le quotient n'aura plus que 2 chiffres et sera plus petit que 100 ; on fera donc la division :

$$\begin{array}{r|r|l} 2240 & 7,189 & \underline{780} \\ 680 & 7,189 & 2 \end{array}$$

avec une troisième erreur $<\frac{1}{7}$, et ainsi de suite. On finira donc par avoir commis sur les 4 chiffres qu'on veut obtenir une erreur $<\frac{4}{7}$ ou <1 ; mais le quotient représentant des millièmes, cette erreur sera plus petite que 1 millième.

Remarque I. On voit que les 4 chiffres 7189 à droite du dividende sont inutiles dans la pratique et ne changent pas dans les divisions partielles ; on se contente donc d'écrire la partie à gauche du dividende nécessaire à la première division.

Remarque II. Si un des chiffres du quotient devait être plus grand que 9, la règle conduirait à écrire au quotient des 9 jusqu'à la fin de l'opération. On abrégera alors en remplaçant tous ces 9 par des zéros et en augmentant d'une unité le chiffre qui les précède *.

XVII

Deviner le nombre pensé par une personne sans lui rien demander.

RÈGLE. 1° Prévenez qu'on ne doit pas calculer par fractions, et faites ajouter au nombre pensé sa moitié, et si on ne peut pas le faire sans fraction, sa *plus grande moitié;* à ce premier résultat, faites de même ajouter sa moitié ou sa plus grande moitié, suivant le cas, et faites retrancher de la somme le double du nombre pensé.

2° Du reste obtenu, faites prendre la moitié ou la *plus petite moitié*, suivant le cas; puis, de cette moitié, encore la moitié ou la plus petite moitié, et ainsi de suite jusqu'à ce qu'on ait trouvé 1; alors la plus petite moitié serait 0. Vous prierez la personne de s'arrêter à ce moment.

3° Pour retrouver le reste obtenu à la fin de 1°, vous compterez sur vos doigts fermés combien de fois on a pris la moitié, en levant un doigt chaque fois qu'on prend la plus petite; puis, comptant la dernière fois pour 1, vous doublerez pour chaque doigt, en ajoutant 1 au double, si on a pris la plus petite moitié, c'est-à-dire si le doigt est levé.

4° Quand vous aurez trouvé ce reste, vous le multiplierez par 4, et si, dans la première partie, on n'a pas pris de plus grande moitié, ce sera juste le nombre pensé; si on a pris 2 fois la plus grande moitié, il faudra retrancher 5 de ce quadruple pour avoir le nombre pensé; si on a pris la plus grande moitié seulement en premier lieu, il faut retrancher 3, et si c'est en second lieu, retrancher 2.

EXEMPLES. 1° On a pensé 36:

$$36+18=54;\ 54+27=81;\ 81-72=9;\ \frac{9}{2}=4;$$

$$\frac{4}{2}=2;\ \frac{2}{2}=1$$

---

* Pour de plus amples renseignements, voir la Notice de M. E. Lionnet sur les *Approximations numériques*.

($\frac{9}{2} = 4$, puisqu'on prend la plus petite moitié.)

Vous aurez compté les trois premiers doigts et levé le premier. Alors vous direz : 1, et sur le dernier doigt, 2 fois 1, 2; sur le deuxième, 2 fois 2, 4; sur le premier, 2 fois 4, 8; et 1, 9 (parce qu'il est levé.)

4 fois 9 (exactement, puisqu'on n'a pas pris de plus grande moitié), 36.

2° On a pensé 35 :

$$35 + 18 = 53;\ 53 + 27 = 80;\ 80 - 70 = 10;\ \frac{10}{2} = 5;$$
$$\frac{5}{2} = 2;\ \frac{2}{2} = 1$$

Vous aurez levé le deuxième doigt des trois que vous avez comptés. Alors vous dites : pour le dernier, 2 fois 1, 2; pour le deuxième, 2 fois 2, 4; et 1, 5; pour le premier, 2 fois 5, 10; 4 fois 10, 40.

40 — 5 (puisqu'on a pris deux fois la plus grande moitié), 35.

3° On a pensé 33 :

$$33 + 17 = 50;\ 50 + 25 = 75;\ 75 - 66 = 9$$

On retrouve 9, comme dans le premier exemple, et 4 fois 9, 36.

36 — 3 (puisque c'est en premier lieu qu'on a pris la plus grande moitié), 33.

4° On a pensé 34 :

$$34 + 17 = 51;\ 51 + 26 = 77;\ 77 - 68 = 9$$

On retrouve 9, comme dans le premier et le troisième exemple, et 4 fois 9 font 36.

36 — 2 (puisque c'est en deuxième lieu qu'on a pris la plus grande moitié), 34.

DÉMONSTRATION. La deuxième partie de la règle n'en a pas besoin; on voit bien qu'en doublant quand on a pris la moitié, ajoutant 1 quand on a pris la plus petite moitié, etc., on retournera au nombre dont on a commencé à prendre la moitié.

Pour la première partie, on considérera les quatre cas suivants :

1° Le nombre pensé est un multiple de 4; ainsi, 4 A.

Alors il devient, en suivant la règle, 6A, puis 9A, et en retranchant le double du nombre 4A ou 8A, on trouve A, qui, multiplié par 4, redonne bien le nombre 4A.

2° C'est un multiple de 4, moins 1 ; ainsi, 4A — 1.

Sa plus grande moitié est 2A ; il devient donc 6A — 1, dont la plus grande moitié est 3A, ce qui fait 9A — 1 ; en retranchant le double du nombre, ou 8A — 2, on a :

$$9A - 1 - 8A + 2 = A + 1$$

qui, multiplié par 4, donne 4A + 4 ; il faut bien en retrancher 5 pour avoir 4A — 1.

3° C'est un multiple de 4, plus 1 ; ainsi, 4A + 1.

Sa plus grande moitié est 2A + 1 ; il devient alors 6A + 2, dont la moitié est 3A + 1, ce qui fait 9A + 3 ; si on en retranche le double du nombre, ou 8A + 2, il reste A + 1, qui, multiplié par 4, donne 4A + 4 ; en retranchant 3, on a bien 4A + 1.

4° C'est un multiple de 4, plus 2 ou moins 2, ce qui revient au même ; ainsi, 4A + 2.

Sa moitié est 2A + 1, ce qui donne d'abord 6A + 3, dont la plus grande moitié est 3A + 2, ce qui donne 9A + 5, en retranchant le double du nombre ou 8A + 4, on a A + 1, qui, multiplié par 4, donne 4A + 4 ; en retranchant 2, on a bien le nombre pensé 4A + 2.

XVIII

Problème des échecs.

Un roi de Perse offrit à l'inventeur du jeu des échecs de satisfaire un de ses désirs, quel qu'il fût. Alors celui-ci, montrant au roi l'échiquier de 64 cases, le pria de faire mettre 1 grain de blé sur la première case, 2 grains sur la deuxième, 4 sur la troisième, et ainsi de suite, en doublant toujours.

Grand fut l'étonnement du roi en apprenant, par son intendant, qu'il avait donné plus que son royaume ne valait. En effet, il fallait donner un nombre de grains de blé égal à la somme des termes d'une progression géométrique croissante, dont le premier terme est 1, le dernier 2^{63}, et la raison 2, somme qui donne :

$2^{64} - 1 = 18446744073709551615$ grains de blé. Or, en moyenne, un litre contient 20000 grains de blé, et un mètre cube en contient 20 millions; l'inventeur aurait donc reçu environ :

$$\frac{18446744073709551615}{20000000} = 922337203685,5$$

mètres cubes de blé, ou une étendue de blé de la hauteur d'un décim. et d'une base de 9223372 kilom. carrés. La superficie de la France est 542000 kilom. carrés; ce blé couvrirait donc 16 fois la surface de la France à 1 décim. de hauteur environ. La terre entière, ensemencée en blé, ne produirait pas en un an ce que le roi voulait donner.

XIX

Problème de la pierre qui marche toujours.

Une pierre lancée fait 100 *m. dans la première seconde de son mouvement;* 99 *m. dans la deuxième seconde;* 98 *m.* 01 *dans la troisième, et ainsi de suite. Combien fera-t-elle de chemin en continuant à marcher pendant toute l'éternité?* (Algèbre de M. Tarnier.)

On trouve qu'elle fait ainsi un nombre de mètres égal à la somme des termes d'une progression géométrique décroissante à l'infini, dont le premier terme est 100 et la raison $\frac{99}{100}$; or, on sait qu'une pareille progression a pour limite de la somme de ses termes ;

$$\frac{100}{1-\frac{99}{100}} = 100 : \frac{1}{100} = 10000 \text{ m.}$$

C'est-à-dire que dans 1000 ans, par exemple, la pierre sera très-près d'avoir fait ses 10000 m., mais qu'elle marchera alors si lentement, qu'elle ne pourra jamais les accomplir.

XX

Problème d'Achille et de la tortue.

Achille va 10 fois plus vite qu'une tortue qui a 10 pas d'avance sur lui, quand l'atteindra-t-il?

Les anciens sophistes raisonnaient ainsi : Achille ayant fait dix pas, la tortue aura encore un pas d'avance; Achille faisant ce pas, la tortue sera en avant de $\frac{1}{10}$ de pas. En faisant le pas suivant, Achille passera nécessairement au-dessus de ce $\frac{1}{10}$ de pas; à cet instant, la tortue aura $\frac{1}{100}$ de pas d'avance; quand le pied d'Achille aura franchi ce $\frac{1}{100}$ de pas, la tortue aura $\frac{1}{1000}$ de pas d'avance, et ainsi de suite; donc Achille n'atteindra jamais la tortue.

Ils auraient eu raison, si les pas que la tortue a successivement d'avance faisaient beaucoup de chemin; mais 10 pas, 1 pas, $\frac{1}{10}$, $\frac{1}{100}$, $\frac{1}{1000}$... de pas, ajoutés ensemble, font à la limite :

$$\frac{10}{1-\frac{1}{10}} = 10 : \frac{9}{10} = \frac{100}{9} = 11 \text{ pas } \frac{1}{9},$$

qu'Achille aura bientôt franchis.

XXI

Problème du panier et des cent cailloux.

Posez un panier à terre, à 1 m. du premier caillou d'une rangée de 100 cailloux distants les uns des autres de 1 m. en ligne droite, et pariez avec quelqu'un qu'il n'aura pas ramassé et porté dans le panier (les uns après les autres), les 100 cailloux avant que vous soyez revenu d'un lieu distant de lui de 5 kilom. à peu près.

Vous gagnerez, car il aura à faire pour le premier caillou 2 m., et pour le centième 200 m. ; il aura donc à faire en tout un nombre de mètres représentés par la somme des termes d'une progression arithmétique dont le premier terme est 2, le dernier 200, et le nombre des termes 100, ce qui fera :

$$\frac{(2+200)\,100}{2} = 202 \times 50 = 10100 \text{ m.}$$

Ainsi il devra faire 2 fois 5 kilom., plus 100 m. Il devra, en outre, se baisser et se relever 200 fois; vous serez donc de retour avant qu'il ait terminé.

XXII

Des anciennes mesures les plus importantes; leur réduction en nouvelles mesures.

1° MESURES DE LONGUEUR :

La *toise* valait 6 *pieds;* le pied (de roi, longueur du pied de Charlemagne), 12 *pouces;* le pouce, 12 *lignes;* la ligne, 12 *points.*

L'*aune* de Paris valait 3 pieds 7 pouces 10 lignes et 10 points.

La *lieue terrestre* était de 25 au degré.

La *lieue* marine, de 20 au degré.

La *lieue* de poste, de 2000 toises.

2° MESURES DE SUPERFICIE :

La *toise carrée* valait 36 *pieds carrés;* le pied carré, 144 *pouces carrés;* le pouce carré, 144 *lignes carrées;* la ligne carrée, 144 *points carrés.*

L'*arpent des eaux et forêts* contenait 100 *perches carrées*, de 22 pieds de côté; cette perche valait donc 484 pieds carrés.

L'*arpent de Paris* contenait 100 *perches carrées*, de 18 pieds de côté; la perche de Paris était donc de 324 pieds carrés.

3° MESURES DE VOLUME ET DE CAPACITÉ :

La *toise cube*, de 216 *pieds cubes;* le pied cube, de 1728 *pouces cubes;* le pouce cube, de 1728 *lignes cubes.*

Pour les graines sèches, le *muid de Paris*, de 12 *setiers;* le setier, de 12 *boisseaux;* le boisseau, de 16 *litrons.*

Pour les liquides, le *muid de Paris*, de 2 *feuillettes;* la feuillette, de 2 *quartauts;* le quartaut, de 9 *setiers;* le setier, de 8 *pintes;* la pinte, de 2 *chopines;* la chopine, de 2 *demi-setiers;* le demi-setier, de 2 *poissons;* le poisson, de 4 *roquilles.*

4° MESURES DE POIDS :

Le *quintal*, de 100 *livres-poids;* la livre-poids, de 2 *marcs;* le marc, de 8 *onces;* l'once, de 8 *gros;* le *gros*, de 72 *grains.*

5° Monnaies :

La *livre tournois*, de 20 *sous;* le sou, de 4 *liards;* le liard, de 3 *deniers.*

RAPPORTS DES ANCIENNES MESURES AUX NOUVELLES.

De la toise au mètre	1,949036591
De l'aune au mètre	1,1884
De la lieue terrestre au kilomètre	4,444
— marine —	5,556
— de poste —	3,898
De la toise carrée au mètre carré	3,7987436
De l'arpent des eaux et forêts à l'hectare	0,5107198
— de Paris —	0,3418869
De la toise cube au mètre cube	7,4038903
Du muid (graines sèches) à l'hectolitre	18,73
Du setier (liquides) au litre	7,616
De la livre (poids) au kilogramme	0,4895058
De la livre tournois au franc	0,987650942
Du mille anglais au kilomètre	1,6093149

Règle. Pour réduire un nombre d'anciennes mesures en nouvelles, on le réduit d'abord en unités principales et en fractions décimales de cette unité, en divisant chaque sous-multiple, à partir du plus petit, par le rapport du sous-multiple supérieur à celui sur lequel on opère, puis on multiplie le nombre ainsi obtenu par le rapport entre l'unité principale et la nouvelle mesure correspondante.

Exemples. 1° Réduire en mètres et millimètres : 52 toises 3 pieds 9 pouces 6 lignes.

6 li. $= \frac{6}{12} = 0,5$ de pouce; 9 po., $5 = \frac{9,5}{12} = 0,79167$ de pied; 3 pi., $79167 = \frac{3,79167}{6} = 0,63194$ de toise; 52 t., $63194 =$ 1 m., $949036 \times 52,63194$ (multiplication abrégée).

52 toises 3 pieds 9 pouces 6 lignes = 102 m., 582 millim.

2° Réduire en mètres carrés : 43 toises carrées 27 pieds carrés 72 pouces carrés 12 lignes carrées.

12 l. q. $= \frac{12}{144} = \frac{1}{12} = 0,083333$ de po. q. ; 72 po. q., 083333 $=$
$\frac{72,083333}{144} = \frac{6,006944}{12} = 0,500579$ de pi. q. ; 27 pi. q., 500579 $=$
$\frac{27,500579}{36} = \frac{3,055620}{4} = 0,763905$ de toise carrée.

43 t. q., 763905 $=$ 3 m. q., 7987436 $\times$ 43,763905.

43 t. q., 27 pi. q., 72 po. q., 6 li. q. $=$ 166 m. q., 24 décim. q., 79 centim. q.

3° Réduire en litres : 5 setiers, 3 pintes, 1 chopine, 3 poissons, 2 roquilles.

2 roquilles $= \frac{2}{4} = 0,5$ de poisson ; 3,5 de poisson $= \frac{3,5}{4} = 0,875$ de chopine ; 1 chop., 875 $= \frac{1,875}{2} = 0,937$ de pinte ; 3 pin., 937 $=$ $\frac{3,937}{8} = 0,492$ de setier ; 5 set., 492 $=$ 7 lit., 616 $\times$ 5,492 $=$ 41 lit., 9.

XXIII

Deviner un nombre pensé.

Nous ne donnerons pas tous les moyens connus d'arriver à ce résultat ; nous nous bornerons à ceux dont l'artifice est le moins facile à découvrir.

PPREMIER MOYEN. — RÈGLE. Faites tripler le nombre pensé, puis prendre la moitié du résultat ou la plus grande moitié s'il est impair ; faites tripler encore, et demandez combien de fois 9 est contenu. Le double de ce nombre, ou ce double plus 1, si on a pris la plus grande moitié, est le nombre pensé.

EXEMPLES. 1° On pense 8 ; le triple est 24, dont la moitié est 12 ; le triple de 12 est 36, et 9 y est contenu 4 fois ; 2 fois 4 font bien 8.

2° On pense 11 ; le triple est 33, dont la plus grande moitié est 17 ; le triple de 17 est 51, et 9 y est contenu 5 fois ; 2 fois 5, plus 1, font 11.

DÉMONSTRATION. Le nombre pensé, A, devient, par ces calculs,

$3A$, puis $\frac{3A}{2}$, puis $\frac{9A}{2}$, et enfin $\frac{A}{2}$, dont le double redonne bien le nombre A.

Si on avait pensé un nombre impair, $2A+1$, il serait devenu d'abord $6A+3$, dont la plus grande moitié est $3A+2$; puis on aurait eu $9A+6$, et en divisant par 9, $A+\frac{6}{9}$, ou A, puisqu'on néglige les fractions. Pour retrouver le nombre $2A+1$, il faut donc doubler le résultat A, puis ajouter 1.

Deuxième moyen. — Règle I. Faites faire le carré du nombre pensé, puis le carré du nombre supérieur d'une unité, et demandez la différence; la petite moitié de cette différence sera le nombre pensé.

Règle II. Ou bien, après avoir fait faire le carré du nombre pensé, faites aussi faire le carré du nombre inférieur d'une unité, demandez la différence de ces deux carrés; la plus grande moitié de cette différence sera le nombre.

Exemples. 1° Soit le nombre 8; son carré est 64; le carré de 9 est 81, et la différence

$$81 - 64 = 17$$

dont la petite moitié est bien 8.

2° De même, le carré de 8 est 64, le carré de 7 est 49, et

$$64 - 49 = 15$$

dont la grande moitié est bien 8.

Démonstrations. 1° Du nombre A on fait le carré A^2, de $A+1$ on fait aussi le carré A^2+2A+1; la différence

$$A^2 + 2A + 1 - A^2 = 2A + 1$$

a bien le nombre A pour plus petite moitié.

2° Du carré de A ou A^2, on retranche le carré de $A-1$ ou A^2-2A+1; on a

$$A^2 - A^2 + 2A - 1 = 2A - 1$$

la plus grande moitié de $2A-1$ est bien A.

TROISIÈME MOYEN. — RÈGLE. Faites ôter 1 du nombre pensé, puis multiplier par un nombre quelconque le résultat, par 3, par exemple; faites encore ôter 1 du produit et ajouter le nombre pensé; puis vous demanderez la somme. En y ajoutant le nombre par lequel vous avez fait multiplier, plus 1, c'est-à-dire 4 dans ce cas, et en divisant par 4, vous aurez le nombre pensé.

EXEMPLES. 1° Si on pense 17, on aura successivement

$17 - 1 = 16;\ 16 \times 3 = 48;\ 48 - 1 = 47;\ 47 + 17 = 64$

alors vous n'aurez plus qu'à chercher

$$64 + 4 = 68;\ \frac{68}{4} = 17.$$

2° Si on pense 9 et si vous faites multiplier par 7, il viendra

$$9 - 1 = 8;\ 8 \times 7 = 56;\ 56 - 1 = 55;\ 55 + 9 = 64$$

Alors vous calculerez

$$64 + 8 = 72, \text{ et } \frac{72}{8} = 9.$$

DÉMONSTRATION. Soit A le nombre pensé et N celui par lequel on multiplie. Le nombre A devient d'abord $A - 1$, puis $A \times N - N$, puis $A \times N - N - 1$, et en ajoutant le nombre pensé, on a $A \times N + A - N - 1$; c'est là le résultat qu'on vous donne. Vous y ajoutez $N + 1$, vous obtenez donc

$$A \times N + A - N - 1 + N + 1 = A \times N + A = A \times (N + 1)$$

Si donc vous divisez alors par $N + 1$, vous trouverez A.

QUATRIÈME MOYEN. — RÈGLE. Faites tripler le nombre pensé, et retrancher 1 de ce triple; faites encore tripler le résultat et ajouter le nombre pensé; demandez le total, auquel vous ajouterez 3, et les dizaines du nombre que vous obtiendrez ainsi seront le nombre pensé.

EXEMPLE. On pense 35, dont le triple est 105; $105 - 1 = 104$; $104 \times 3 = 312$; $312 + 35 = 347$, résultat qu'on doit vous dire. $347 + 3 = 350$; le nombre des dizaines, 35, est le nombre pensé.

DÉMONSTRATION. Le nombre pensé A devient d'abord 3A, puis

3A — 1, puis 9A — 3, et enfin, en ajoutant le nombre pensé, 10A — 3, c'est le nombre qu'on vous dit. Ajoutant 3, vous obtenez 10A, c'est-à-dire que si vous supprimez le zéro de droite de ce résultat, vous aurez A.

CINQUIÈME MOYEN. — RÈGLE. Dites qu'on ôte 1 du nombre, puis qu'on ajoute 1 au même nombre, et faites multiplier les deux résultats; demandez le produit, et après y avoir ajouté 1, cherchez la racine carrée; ce sera le nombre pensé.

EXEMPLE. On pense 5; on obtient, en ôtant et ajoutant 1, les nombres 4 et 6, qu'on multiplie. Vous demandez le produit 24, et vous y ajoutez 1; la racine carrée du résultat 25, c'est-à-dire 5, est le nombre pensé.

DÉMONSTRATION. En effet, la personne ayant pensé A, multiplie A — 1 par A + 1, ce qui donne le produit $A^2 - 1$. Si vous ajoutez 1 à ce produit qu'on vous dit, vous aurez A^2, dont la racine carrée est A.

XXIV

Deviner autant de nombres qu'on voudra, le premier pouvant avoir plusieurs chiffres, et tous les autres un seul.

RÈGLE. Dites de doubler le premier et d'ajouter 1, de multiplier le résultat par 5 et d'ajouter le deuxième, puis de doubler et d'ajouter 1, de multiplier par 5 et d'ajouter le troisième, de doubler encore et d'ajouter 1; de multiplier par 5 et d'ajouter le quatrième nombre. On peut continuer ainsi indéfiniment; mais supposons qu'on s'arrête à quatre nombres. Vous demanderez le résultat, et si vous en retranchez 555, le chiffre des unités du reste sera le dernier nombre pensé, celui des dizaines l'avant-dernier, celui des centaines l'ante-pénultième, et ainsi de suite.

EXEMPLE. Soient les nombres pensés 25, 6, 8, 7; en faisant les opérations que vous lui direz, la personne obtiendra successivement 51, 261, 523, 2623, 5247, et enfin 26242, résultat qu'elle vous fait connaître. Retranchez-en 555, et il vous reste 25687, que vous décomposez 25·6·8·7.

Ne devant trouver que quatre nombres, vous voyez qu'on a pris 25 pour le premier.

Démonstration. Si A, B, C, D sont les nombres pensés, en faisant les opérations indiquées il vient successivement :

$$2A+1$$
$$10A+B+5$$
$$20A+2B+11$$
$$100A+10B+C+55$$
$$200A+20B+2C+111$$
$$1000A+100B+10C+D+555.$$

C'est-à-dire que le dernier résultat contient 555 de plus qu'un nombre qui aurait A pour chiffre de mille, B pour chiffre de centaines, C pour celui des dizaines, et D pour celui des unités.

Remarque. Il est facile de sentir qu'on a le choix de faire multiplier alternativement par 2 et par 5, ou par 5 et par 2, et qu'au lieu de faire ajouter 1 à chaque double ou à chaque quintuple, on peut faire ajouter 3 la première fois, 5 la seconde, etc., à volonté, pourvu qu'à part on fasse sur les nombres qu'on ajoute, les mêmes opérations qu'on dit de faire à la personne qui calcule ; ainsi, sur les nombres 8·7·6·3 vous direz :

Multipliez le premier nombre par 5 et ajoutez 3 ; doublez et ajoutez le deuxième nombre ; doublez et ajoutez 5 ; multipliez par 5 et ajoutez le troisième nombre ; multipliez par 5 et ajoutez 7 ; doublez et ajoutez le quatrième nombre.

Calcul général.	Calcul de la personne.	Calcul préparatoire
$5A+3$	43.........	3
$10A+B+6$	93.........	6
$20A+2B+17$	191.........	17
$100A+10B+C+85$	961.........	85
$500A+50B+5C+432$......	4812.........	432
$1000A+100B+10C+D+864$	9627.........	864

Retranchant 864 du dernier résultat 9627 que vous demandez, il vient 8763, que vous séparez : 8·7·6·3.

Vous pourriez continuer à deviner plus de nombres ou vous arrêter à deux ou à trois.

Mais si on suit tout simplement la règle que nous avons donnée, on aura cet avantage, qu'il suffira de retrancher toujours 5 pour deux nombres, 55 pour trois, 555 pour quatre, 5555 pour cinq, et ainsi de suite.

XXV

Jeu de l'anneau.

RÈGLE. Vous désignez neuf personnes (ou moins), dont une quelconque devra prendre l'anneau et le mettre à une phalange quelconque du doigt qu'elle voudra, le tout à votre insu. Une des neuf personnes voudra bien retenir le numéro de la phalange, en comptant pour la première celle de l'extrémité du doigt; celui du doigt, en comptant du petit doigt de la main gauche à celui de la main droite, et le numéro de la personne, en les comptant dans un ordre que vous aurez désigné.

Cela vous donnera trois nombres à découvrir. Vous vous servirez alors du problème précédent, en faisant commencer par le numéro du doigt, parce que celui-là peut avoir deux chiffres.

Si donc vous avez suivi la règle, vous aurez à retrancher 55 du nombre qu'on vous dira, et vous aurez les numéros du doigt, de la personne et de la phalange.

Ainsi, si on vous donne comme résultat le nombre 916, diminué de 55 il devient 861; séparez 8·6·1, et vous voyez que la 6e personne a l'anneau au 8e doigt, à la 1re phalange. Alors vous dites : M. ... ou Mme ..., suivant l'ordre, a l'anneau au bout du grand doigt de la main droite.

XXVI

Des neuf premiers trèfles pris par neuf personnes différentes, deviner celui que chaque personne aura pris.

RÈGLE. Vous mettez à part l'as, le deux, le trois, etc., jusqu'au neuf de trèfle d'un jeu complet de 52 cartes, et vous priez les personnes présentes de prendre chacune une carte.

Une d'elles se chargera de doubler le nombre des points de sa carte, d'y ajouter 1, de multiplier par 5 et d'ajouter le nombre des points de la carte prise par son voisin de droite, etc. Le résultat, dont vous retrancherez 55555555 s'il y a 9 cartes prises, vous donnera le nombre des points des cartes prises par chaque personne, dans l'ordre dans lequel elles auront été ajoutées successivement, le premier chiffre à gauche étant le nombre des points de la carte de celui qui a fait les opérations.

XXVII

Deviner une carte tirée au hasard d'un jeu de 52 cartes.

Règle. La carte étant sortie d'un jeu de 52 cartes, ajoutez ou faites ajouter à haute voix les points de toutes les cartes restantes, en retranchant 13 chaque fois que la somme dépassera ce chiffre, et comptant 11 pour le valet, 12 pour la dame, et négligeant les rois, qui valent 13. A la fin, retranchez le dernier résultat de 13, et vous aurez le nombre des points de la carte prise. Ainsi, si vous avez 2, il reste 11; c'est un valet. Regardez rapidement quel valet manque, et vous serez sûr de votre carte.

Exemple et démonstration. Supposons qu'on ait tiré la dame de carreau : vous aurez d'abord à compter les cœurs, qui valent ensemble la somme des 13 premiers nombres, progression arithmétique qui donne $\frac{13+1}{2} \times 13 = 7 \times 13$; en retranchant 13 chaque fois qu'on le peut, on n'aura donc pas de reste; on n'en aura pas non plus pour les piques ni pour les trèfles. On comptera ensuite les carreaux, et on trouvera encore 7 fois 13, moins 12, que vaut la dame, ou 6 fois 13 plus 1, c'est-à-dire 1, puisqu'on retranche tous les 13. Ce 1 vous indiquera donc qu'il s'en faut de 12 que le jeu ne soit complet, et, par conséquent, qu'on a pris une dame; le reste est facile. On comprend qu'au lieu d'ajouter tous les cœurs d'abord, puis les piques, les trèfles, il revient au même d'ajouter les cartes comme elles se présentent; le résultat final est le même.

REMARQUE. Comme on pourrait croire qu'en comptant vous-même vous cherchez la carte qui manque, vous ferez mieux de faire compter par un autre, et lorsqu'il comptera 34, par exemple, vous lui direz : Comptez 8, en retranchant 26, ce qui reviendra au même que d'avoir retranché 13 deux fois. Comme il y a 13 cartes de chaque couleur, en faisant retrancher 13 chaque fois, on pourrait laisser voir l'artifice.

XXVIII

Même problème avec 32 cartes.

RÈGLE ET DÉMONSTRATION. Comptez le valet 4, la dame 5, le roi 6, l'as 11, et les autres cartes par leur nombre de points; la somme des points des cartes de chaque couleur étant $\frac{(4+11)\times 8}{2} = 15 \times 4$, vous voyez, en suivant le même raisonnement que tout à l'heure, qu'en retranchant 15 toutes les fois que vous pourrez, le dernier résultat retranché de 15 vous dira la valeur de la carte.

REMARQUE. Si, pour une cause quelconque, il manquait quelques cartes au jeu, vous devriez vous assurer d'abord de la somme des points de celles qui manquent, et en commençant par compter ce nombre de points, pour y ajouter ceux de toutes les cartes qui restent, vous pourriez encore dire le nombre des points de la carte prise, mais sans pouvoir dire sa couleur, s'il en manquait d'avance de semblables à celle qu'on a prise.

XXIX

Pair et impair.

Une personne a un nombre pair de jetons dans une main et un nombre impair dans l'autre; vous pouvez deviner dans quelle main est le nombre pair.

RÈGLE. Faites multiplier le nombre de la main droite par un nombre pair au hasard, et le nombre de la main gauche par un nombre impair quelconque; faites ajouter les résultats, et demandez le chiffre des unités de la somme. S'il est impair, le nombre pair est dans la main droite et l'impair dans la gauche; s'il est pair, impair est à droite et pair à gauche.

EXEMPLES. 1° Il y a 4 jetons à droite et 7 à gauche. On multiplie 4 par 2, ce qui fait 8; 7 par 5, 35, et 8, 43, nombre qu'on vous dit. Il est impair, c'est le premier cas; pair à droite, impair à gauche.

2° Il y a 5 jetons à droite et 2 à gauche. On multiplie 5 par 4, ce qui donne 20; 2 par 3, 6, et 20, 26. Le résultat est pair, c'est le deuxième cas; impair à droite, pair à gauche.

DÉMONSTRATION. 1° Si le nombre pair est à droite, en le multipliant par un nombre pair, on a un produit pair, et en multipliant l'impair de gauche par un nombre impair, on a un produit impair, qui, ajouté au premier produit pair, doit donner un résultat impair.

2° Si le nombre impair est à droite, en le multipliant par un nombre pair on fait un produit qui sera pair; en multipliant le nombre pair de gauche par un impair, on aura encore un produit pair, qui, ajouté avec le premier, donnera un résultat pair.

XXX

Or ou argent.

Une personne prend dans une main une pièce d'or et dans l'autre une pièce d'argent, ou deux personnes prennent, l'une une pièce d'or, l'autre une pièce d'argent; vous devinerez facilement où sont l'or et l'argent.

RÈGLE. Donnez pour cela à prendre une pièce d'argent dont la valeur est paire, 2 francs, par exemple, et une pièce de 5 francs en or, dont la valeur est impaire; tout sera ramené au problème précédent.

XXXI

Combien de francs dans une bourse?

RÈGLE. Priez le propriétaire de la bourse de partager la somme en deux et d'en mettre chaque moitié dans un compartiment différent, d'en faire passer (à votre volonté) 10 francs, par exemple, d'un compartiment dans l'autre, et de vous dire combien de fois la plus grande somme contient la plus petite. Pour deviner, ajoutez 1 à ce nombre de fois, pour multiplier le nombre de francs que vous avez fait passer par ce résultat, puis retranchez 1 de ce nombre de fois pour diviser par le résultat le dernier produit que vous venez d'obtenir. Vous trouverez pour quotient la moitié de ce que la bourse contient.

Exemples. 1° Elle contient 30 fr.; on met 15 fr. dans chaque compartiment, et on fait passer 10 fr. de l'un dans l'autre. Alors la plus grande somme, 25, contient la plus petite, 5, 5 fois. $5+1$ donnent 6; $5-1$ donnent 4; 6 fois 10 font 60, et $\frac{60}{4}$ donnent 15, moitié de ce que contient la bourse.

2° La bourse contient 43 fr. 50, dans chaque compartiment, 21 fr. 75. Faites passer 8 fr. de l'un dans l'autre; la plus grande somme, 29 fr. 75, contiendra la plus petite, 13 fr. 75, $\frac{2975}{1375}=\frac{119}{55}=2$ fois $+\frac{9}{55}$. $2\frac{9}{55}+1$ donnent $3+\frac{9}{55}$; $2\frac{9}{55}-1$ donnent $1\frac{9}{55}$: le nombre que vous avez fait passer, 8, multiplié par $3\frac{9}{55}$, et ce produit divisé par $1\frac{9}{55}$, donnera la moitié de la somme.

$$\frac{8\times 3\frac{9}{55}}{1\frac{9}{55}}=\frac{24\frac{72}{55}}{\frac{64}{55}}=\frac{24\times 55+72}{64}=\frac{3\times 55+9}{8}$$
$$=\frac{174}{8}=21 \text{ fr. } 75.$$

Démonstration. Supposons, en effet, que dans chaque partie de la bourse il y ait A fr., et qu'on en fasse passer N de l'une dans l'autre; la plus grande somme sera $A+N$, et la plus petite $A-N$; si on vous dit que la plus grande vaut M fois la plus petite, ou $A\times M - N\times M$, vous aurez $A+N=A\times M-N\times M$, ou

$$A\times M-A=N\times M+N, \text{ ou}$$
$$A\times(M-1)=N\times(M+1), \text{ ou } A=\frac{N\times(M+1)}{M-1}.$$

Ainsi pour avoir A, moitié de la somme, il faut bien multiplier le nombre N que vous avez fait passer, par le nombre de fois M, plus 1, et diviser par le même nombre, moins 1.

XXXII

Trois cartes déterminées étant prises par trois personnes, deviner celle que chaque personne aura prise.

RÈGLE. Présentez à trois personnes le roi, la dame et le valet de carreau, par exemple, et priez-les de se les distribuer à votre insu. Donnez ensuite à la première personne le numéro 12, à la seconde le numéro 24, à la troisième le numéro 36, et priez la première d'ajouter la moitié du numéro où est le valet avec le tiers de celui où est la dame et le quart du numéro où est le roi, puis de vous dire le résultat.

Si c'est 23, la première a le valet et la deuxième la dame.
— 24 — id. — le roi.
— 28 — la dame — id.
— 25 contraire de 23
— 27 — 24
— 29 — 28

DÉMONSTRATION. A part cette considération, fondée sur la théorie des combinaisons, que trois personnes ne peuvent prendre trois objets que de six manières différentes, le reste du problème n'est que du tâtonnement, et pourrait se faire aussi bien avec d'autres nombres que 24, 12 et 36, et d'autres fractions que $\frac{1}{2}$, $\frac{1}{3}$, $\frac{1}{4}$, à condition qu'on aura déterminé d'avance quel résultat on doit obtenir dans chacun des six cas qui peuvent se présenter, et que les fractions et les nombres soient choisis tels, que la même somme ne puisse pas se présenter dans deux cas différents.

XXXIII

Deviner la totalité des points de plusieurs cartes.

RÈGLE. Fixez comme il suit la valeur de chaque carte : Mettez 11 points pour le valet, 12 pour la dame, 13 pour le roi, les autres cartes pour leur valeur, dans le jeu complet de 52 cartes; dans le jeu de piquet de 32 cartes, l'as vaudra 3, le valet 4, la dame 5, le roi 6, les autres cartes, 7, 8, 9, 10. Puis prenez une limite plus élevée que la plus haute valeur donnée à une carte, 15 dans le jeu de 52 cartes, et 13 dans celui de 32, par exemple. Prenez ensuite le jeu, complet ou non, faites-en tirer autant de cartes qu'on voudra et faites-les mettre sur la table, en les retournant. Dites après cela de mettre sur chaque carte autant d'autres cartes qu'il en faut pour compléter avec le nombre de ses points la limite que vous aurez choisie. (Il faudra mettre 9 cartes sur un six, 2 cartes sur un roi, par exemple.) Faites-vous dire enfin combien il reste de cartes au jeu ou combien il en manque pour terminer.

Pour deviner, vous multiplierez le nombre que vous avez choisi par le nombre des cartes prises, vous ajouterez au produit le nombre de ces cartes, vous ajouterez encore le nombre des cartes qui restent ou vous retrancherez le nombre des cartes qui manquent, suivant le cas; vous retrancherez encore le nombre total des cartes du jeu, et vous obtiendrez pour résultat la somme des points des cartes prises en premier lieu.

Exemples. 1° Dans un jeu complet de 52 cartes, on tire quatre cartes, un sept, un neuf, un roi et un valet. Faites compléter à 15; il faut, pour compléter le sept, 8 cartes; pour le neuf, 6 cartes; pour le roi, qui vaut 13, 2 cartes; et pour le valet, qui vaut 11, 4 cartes; en tout, 20 cartes, et 4 cartes qui ont été prises d'abord. On vous dira donc qu'il reste 28 cartes, puisqu'on en a employé 24.

Vous comptez 4 fois 15, 60 ; et 4, 64 ; et 28, 92 ; 92 moins 52, 40. 40 est la somme des points cherchée.

2° Dans un jeu de 32 cartes on prend un valet, 4 points; une dame, 5 ; un roi, 6, et un autre valet. Vous faites compléter à 13. Il faut 9 cartes pour le valet, 8 pour la dame, 7 pour le roi, et 9 pour l'autre valet, ce qui fait 33 cartes, et à cause des 4 premières, on devra vous dire qu'il en manque 5.

Vous aurez : 4 fois 13, 52; et 4, 56; 56 moins 5, 51 ; moins 32, 19. Les cartes prises valent 19 points.

3° On n'a que 37 cartes d'un jeu entier. Supposons qu'on ait pris un deux, un trois et un quatre; pour compléter à 15, il faut $13 + 12 + 11 = 36$ cartes, et à cause des trois premières cartes, on vous dira qu'il en manque 2.

Vous trouverez : 3 fois 15, 45; et 3, 48; moins 2, 46; moins 37, 9; les cartes prises valent 9 points.

DÉMONSTRATION. Soit A le nombre des cartes du jeu, B, C, D, les points de trois cartes prises, N le nombre par rapport auquel on complète.

B exige $N - B$ cartes pour compléter; C en exige $N - C$, et D, $N - D$. Supposons qu'il reste enfin H cartes, ou qu'il en manque K pour terminer. On aura employé :

3 cartes prises $+ N - B + N - C + N - D$, et cela devra donner le nombre total A moins H cartes qui restent, ou plus K cartes qui manquent. On aura donc, suivant le cas :

$$3 + N - B + N - C + N - D = A - H$$

ou

$$3 + N - B + N - C + N - D = A + K$$

ce qui donne

$$B + C + D = 3N + 3 + H - A$$

ou

$$B + C + D = 3N + 3 - K - A$$

suivant qu'il est resté des cartes ou qu'on en a manqué, ce qui démontre bien la règle.

XXXIV

Les trois bijoux.

RÈGLE. Déposez sur une table trois objets différents; par exemple, une bague, une montre et une tabatière, que trois personnes prendront à votre insu. Prenez 24 jetons, remettez-en 1 à la première personne, 2 à la seconde, 3 à la troisième, laissez les 18 autres sur la table et passez dans une pièce voisine, d'où vous direz à celui qui a l'anneau de prendre sur la table autant de jetons qu'il en a déjà; à celui qui a la montre, d'en prendre le double de ce que vous lui en avez donné, et à l'autre, d'en prendre quatre fois autant que vous lui en avez remis. Rentrez, et regardez combien de jetons restent sur la table.

S'il en reste		la 1re personne a	et la 2e
S'il en reste	1,	la 1re personne a l'anneau	et la 2e la montre.
—	3,	— id.	— la tabatière.
—	5,	— la montre	id.
—	2,	le contraire de 1.	
—	6,	— 3.	
—	7,	— 5.	

OBSERVATION. Ce problème pourrait se faire avec tout autre nombre de jetons que 24, et toute autre convention que de prendre le double, le quadruple, pourvu qu'on ait déterminé d'avance ce qui doit rester dans chacun des cas, et que les nombres soient choisis tels que le même reste ne se présente pas dans deux cas différents.

XXXV

D'un nombre de cartes (15, 21 ou 27) deviner celle qui aura été pensée.

RÈGLE. On prend 15 cartes, ou 21, ou 27, et on les pose à découvert en trois tas, en mettant successivement une carte sur chaque tas.

Une personne les regarde, en pense une et vous dit le tas dans lequel elle se trouve. Vous relevez les cartes, en plaçant le tas indiqué entre les deux autres, puis vous recommencez les tas, et vous priez la personne de regarder où sa carte se place. Vous relevez encore les cartes, en remettant le tas désigné au milieu du jeu. Vous refaites une dernière fois les trois paquets, en remarquant les trois cartes qui sont au milieu de chaque tas, parce que c'est une de ces trois cartes qui a été pensée, de façon que la personne, en vous montrant le tas où est sa carte, vous indique cette carte même, et vous pouvez la lui dire quand et comme vous voudrez.

Démonstration. On comprendra facilement, par ces tableaux, faits pour 21 cartes, comment elles se distribuent. La seconde fois, les cartes du premier tas se présentent d'abord, puis celles du second, que nous désignons par des croix, puis celles du troisième. La troisième fois, suivant que la carte pensée sera dans le premier, dans le deuxième ou dans le troisième tas de la disposition précédente, lorsqu'on mettra ce tas au milieu des deux autres, la carte viendra d'une de ces trois manières :

0	0	0
0	0	0
0	×	×
×	×	×
×	×	0
0	0	0
0	0	0

0	0	0	0	0	0	0	0	0
0	0	0	0	0	0	0	0	0
0	0	0	0	0	0	0	0	0
0	×	×	×	×	×	×	×	0
0	0	0	0	0	0	0	0	0
0	0	0	0	0	0	0	0	0
0	0	0	0	0	0	0	0	0

c'est-à-dire chaque fois au milieu du tas, et au milieu du jeu si on replace ce tas entre les deux autres.

Remarque. On comprend que le problème se résoudra sûrement, à condition que dans la deuxième disposition des cartes : 1° il ne viendra pas, du tas où était la carte pensée, plus de 3 cartes de suite les unes sur les autres, ce qui exclut un nombre de cartes supérieur à 27; et 2° que les cartes de ce tas n'occuperont pas plus de trois rangs différents, ce qui exclut le nombre 24. Si cependant la personne pensait une des cartes du milieu d'un tas, on réussirait à la deviner entre 24 cartes ou 30 cartes; mais si elle pensait la première ou la dernière d'un tas, on ne pourrait plus la deviner.

XXXVI

De l'historien Josèphe.

Gouverneur de la Galilée en 67 de notre ère, l'historien Josèphe eut à soutenir le siége de Jotapate contre Vespasien. Vaincu, il se ré-

fugia, avec quarante autres Juifs, dans une caverne, où ils décidèrent de s'entre-tuer plutôt que de se rendre. Ils se mirent tous sur un seul rang, se comptèrent trois par trois, et tuèrent chaque fois le troisième. Quelle place dut choisir Josèphe pour survivre au massacre?

RÈGLE. Ce problème est des plus faciles à résoudre; vous n'avez qu'à écrire les 41 premiers nombres de suite :

```
 +   +   +   +   +   +   +   +   +   +    +    +    +    +
 1 — 2 — 3 — 4 — 5 — 6 — 7 — 8 — 9 — 10 — 11 — 12 — 13 — 14
+41                                                      15+
+40                                                      16
+39                                                      17+
+38                                                      18+
+37                                                      19+
+36                                                      20+
+35                                                      21+
34 — 33 — 32 — 31 — 30 — 29 — 28 — 27 — 26 — 25 — 24 — 23 — 22
 +    +    +         +    +    +    +    +    +    +    +    +
```

puis à les marquer d'un signe de trois en trois, en comptant du premier et en ne comptant pas, au deuxième tour ni aux suivants, ceux qui sont déjà marqués; vous verrez ainsi qu'en se plaçant au 16ᵉ ou au 31ᵉ rang, Josèphe se trouve rester avec un seul homme, qu'il doit alors tuer lui-même ou décider à se rendre à Vespasien, comme il le fit.

REMARQUE. On peut proposer ce problème de plusieurs façons différentes : ainsi, placer des pièces d'or et d'argent à la suite les unes des autres et trouver où on doit mettre les pièces d'or pour qu'en comptant jusqu'à un certain nombre et retirant toutes les pièces sur lesquelles tombe ce nombre, les pièces d'or restent seules.

XXXVII

Les trois maris jaloux.

Trois maris jaloux, chacun au point de ne pas souffrir que sa femme reste sans lui dans la compagnie d'un des deux autres, se trouvent avec leurs femmes sur le bord d'une rivière qu'ils veulent traverser. Ils ont un petit bateau, sans batelier, et ne pouvant contenir que deux personnes à la fois. Comment faire?

RÈGLE. Ce problème, tout d'imagination, et fort ancien, a été résolu en vers latins, que voici :

It duplex mulier, redit una, vehitque manentem,
Itque una. Utuntur tunc duo puppe viri
Par vadit et redeunt bini, mulierque sororem
Advehit, ad propriam fine maritus abit.

C'est-à-dire : deux femmes passent d'abord, une d'elles revient et passe la troisième. Une des trois femmes repasse alors, reste avec son mari; les deux autres maris vont vers leurs femmes. Une femme revient avec son mari, débarque, et les deux hommes s'en vont de l'autre côté, d'où la seule femme qui s'y trouve viendra en deux fois chercher les deux autres, ou, après en avoir amené une, cède la barque au mari de celle qui reste, pour l'aller chercher.

XXXVIII

Les cadeaux difficiles.

On a une bouteille de 8 litres pleine de bon vin, on veut en donner moitié à un ami, et on n'a pour le faire que deux vases, l'un de cinq, l'autre de trois litres. Comment mettre quatre litres dans le vase de cinq?

RÈGLE. Appelons les trois vases A, B, C; on a d'abord :

	Dans A,	8 l.;	dans B,	0;	dans C,	0
Remplissez B, vous aurez...	—	3	—	5	—	0
Remplissez C avec B......	—	3	—	2	—	3
Videz C dans A..........	—	6	—	2	—	0
Videz B dans C....	—	6	—	0	—	2
Emplissez B avec A.......	—	1	—	5	—	2
Achevez d'emplir C avec B..	—	1	—	4	—	3

On pourrait se proposer de laisser 4 litres dans la bouteille de 8.

Vous avez...............	Dans A, 8 l.;	dans B, 0;	dans C, 0
On emplit le vase C........	— 5	— 0	— 3
On vide C dans B.........	— 5	— 3	— 0
On emplit C avec A.......	— 2	— 3	— 3
On complète B avec C......	— 2	— 5	— 1
On vide B dans A.........	— 7	— 0	— 1
On vide C dans B.........	— 7	— 1	— 0
On emplit C avec A.......	— 4	— 1	— 3

Si on voulait faire passer la moitié de 12 litres dans un vase de 7 litres, en se servant d'un troisième vase de 5 litres,

On aura...............	Dans A, 12 l.;	dans B, 0;	dans C, 0
On emplit C............	— 7	— 0	— 5
On vide C dans B........	— 7	— 5	— 0
On emplit C avec A......	— 2	— 5	— 5
On complète B avec C....	— 2	— 7	— 3
On vide B dans A.......	— 9	— 0	— 3
On vide C dans B........	— 9	— 3	— 0
On emplit C avec A......	— 4	— 3	— 5
On complète B avec C....	— 4	— 7	— 1
On vide B dans A........	— 11	— 0	— 1
On vide C dans B........	— 11	— 1	— 0
On emplit C avec A......	— 6	— 1	— 5
On vide C dans B........	— 6	— 6	— 0

Le mérite de ce tâtonnement est d'arriver au but le plus vite possible et de ne pas reproduire deux fois la même disposition, ce qui ne peut s'éviter qu'avec une très-grande attention.

XXXIX

Du testament.

Un père de famille ordonne, par son testament, que l'aîné de ses fils prendra sur sa fortune 1000 *fr. et le cinquième du reste; que le deuxième prendra ensuite* 2000 *fr. et le cinquième de ce qui restera après avoir pris ses* 2000 *fr; que le troisième prendra* 3000 *fr. et le*

cinquième du reste, et ainsi de suite. Après avoir ainsi pris leurs parts, ils se trouvent avoir chacun la même somme, et le bien est épuisé. Combien y avait-il d'enfants, quelle était la part de chacun et la fortune du père ?

Solution. Il y avait quatre enfants, un de moins que le dénominateur de la fraction que chaque enfant prend du reste ; la part de chacun est 4000 fr., c'est-à-dire la somme que le premier prend d'abord, multipliée par le nombre des enfants ; et par conséquent le père avait quatre fois 4000 fr., ou 16000 fr.

Démonstration. En effet, la part du dernier enfant devra être juste n fois 1000, n étant son numéro d'ordre, sans qu'il ait à prendre le cinquième du reste, sinon il laisserait les $\frac{4}{5}$ de ce reste, et le bien du père ne serait pas épuisé. L'avant-dernier prendra d'abord 1000 fr. de moins que lui, puis le cinquième d'un reste dont il laissera les $\frac{4}{5}$ faisant juste la part du dernier, ce qui revient à dire que ce cinquième est le quart de la part du dernier ; les 1000 fr. qu'il prend de moins que le dernier doivent donc être égaux au quart de n fois 1000 pour qu'ils aient part égale ; 4000 fr. donneront donc n fois 1000, c'est-à-dire que n vaut 4 ; ainsi, il y a quatre enfants, et le dernier, comme chacun des autres, a 4000 fr.

XL

Un partage curieux.

Partager entre trois personnes 21 tonneaux, dont 7 pleins, 7 vides et 7 demi-pleins, de façon que chaque personne ait la même quantité de vin et de tonneaux.

		Tonneaux pleins.	Vides.	Demi-pleins.
1er Moyen.	1re personne.	3	3	1
	2e —	3	3	1
	3e —	1	1	5
2e Moyen.	1re personne.	2	2	3
	2e —	2	2	3
	3e —	3	3	1

Démonstration. Le contenu total étant 21 demi-tonneaux,

chaque part devra être de 7 demi-tonneaux et devra donc contenir un nombre impair de tonneaux demi-pleins (inférieur à 7), par conséquent 1, 3 ou 5. On pourra donc donner à chacune des deux premières personnes 1 ou 3 tonneaux demi-pleins, indifféremment, ce qui oblige à leur donner 3 ou 2 tonneaux pleins pour compléter leurs 7 demi-tonneaux, d'où les deux solutions précédentes, la troisième part étant trouvée quand on connaît les deux premières.

On aurait de même quatre moyens pour partager 24 tonneaux dans les mêmes conditions :

		Tonneaux pleins.	Vides.	Demi-pleins.
1er Moyen.	1re part.........	4	4	0
	2e —	4	4	0
	3e —	0	0	8
2e Moyen.	1re part.........	3	3	2
	2e —	3	3	2
	3e —	2	2	4
3e Moyen.	1re part.........	2	2	4
	2e —	2	2	4
	3e —	4	4	0
4e Moyen.	1re part.........	1	1	6
	2e —	3	3	2
	3e —	4	4	0

De même pour 27 tonneaux :

		Tonneaux pleins.	Vides.	Demi-pleins.
1er Moyen.	1re part.........	4	4	1
	2e —	4	4	1
	3e —	1	1	7
2e Moyen.	1re part.........	3	3	3
	2e —	3	3	3
	3e —	3	3	3
3e Moyen.	1re part.........	3	3	3
	2e —	2	2	5
	2e —	4	4	1

XLI

Testament à interpréter.

Un homme meurt en laissant sa femme enceinte, et ordonne, par son testament, que des 140000 fr. qu'il laisse, elle n'aura que le tiers si elle accouche d'un garçon, celui-ci devant avoir les deux tiers, et les deux tiers si elle accouche d'une fille, le tiers restant à sa fille. Elle accouche d'un garçon et d'une fille; comment faire?

Solution. Le fils aura 80000 fr., la mère 40000 fr., et la fille 20000 fr.

Démonstration. Il est clair, en effet, que les intentions de cet homme ont été que son fils eût le double de sa mère, et celle-ci le double de sa fille; c'est-à-dire que la part du fils étant représentée par 4, celle de la mère le sera par 2 et celle de la fille par 1, ou que sur 7 fr. le fils en aura 4, la mère 2, la fille 1. Par conséquent sur 1 fr. le fils en aura $\frac{4}{7}$, la mère $\frac{2}{7}$, la fille $\frac{1}{7}$. Sur 140000 fr. la fille aura donc $\frac{1}{7}$ de 140000 fr. ou 20000 fr.; la mère, le double ou 40000 fr., et le fils le double encore ou 80000 fr.

Remarque. Nous devons faire remarquer que ce problème ne peut pas avoir d'application sérieuse, car la législation française donnerait cette solution:

Attendu que la femme n'hérite de son mari que dans le cas de dispositions testamentaires dudit mari; attendu qu'il ressort du testament que le mari a entendu avantager sa femme du tiers au moins de sa fortune dans le cas où il y aurait un garçon, ce bénéfice devant être porté aux deux tiers s'il y a une fille : 1° la femme ne saurait, dans aucun cas, voir sa part au-dessous du tiers de la fortune, minimum fixé par le testateur; 2° dès que la condition du sexe est remplie, c'est-à-dire qu'il y a un garçon, la part de la femme ne peut pas dépasser le minimum fixé pour ce cas, et nous croyons, tout en soumettant humblement notre avis aux jurisconsultes, que dans le cas du problème qui nous occupe, le tiers serait donné à la mère et le reste partagé entre les deux enfants, et que la mère aura toujours le tiers, quel que soit le cas, soit deux garçons, soit deux filles, soit trois enfants et plus.

XLII

Quelle heure est-il?

Dites-moi quelle heure il est. — Il reste encore de la journée les quatre tiers de ce qui est déjà écoulé.

SOLUTION. Il est 5 heures 8 minutes 34 secondes*.

DÉMONSTRATION. Cet énoncé veut dire que si on représente par 1 le temps écoulé, ce qui reste de la journée sera $\frac{4}{3}$; ou que si on représente par 3 le premier, le deuxième sera représenté par 4. S'il s'agissait d'une journée de 7 heures, le temps écoulé serait donc 3 heures; d'une journée de 1 heure, il serait $\frac{3}{7}$ d'heure, et d'une journée de 12 heures, cas qui nous occupe, il est

$$\frac{3\text{ h.}}{7} \times 12 = \frac{36}{7} = 5\text{ h. } 8\text{ m. } 34\text{ s.}$$

XLIII

Une personne charitable.

Une dame ayant rencontré des pauvres, a eu la pensée charitable de leur donner ce qu'elle avait. Pour donner à chacun 9 sous, il lui en manquait 32; alors elle leur a donné 7 sous, et il lui en est resté 24. Combien avait-elle et quel est le nombre des pauvres?

SOLUTION. Il y avait 28 pauvres et elle avait 220 sous ou 11 francs.

DÉMONSTRATION. La différence entre ce qu'il lui aurait fallu pour donner 9 sous à chaque pauvre et ce qu'il lui a fallu pour donner 7 sous, est 32 + 24 ou 56 sous; mais n étant le nombre des pauvres, elle aurait donné dans le premier cas 9 n, et dans le second elle a donné 7 n sous; différence, 2 n. C'est donc cette différence ou

---

* La journée est de 12 heures; si on la prenait de 24 heures, le résultat serait double, 10 heures 17 minutes 8 secondes.

deux fois le nombre des pauvres qui produit les 56 sous; les pauvres sont donc au nombre de 28, moitié de 56, et par conséquent la personne avait 28 fois 7 sous ou 196 sous, plus 24 sous, ou 220 sous, ou 11 francs.

XLIV

A combien la bouteille?

On a acheté dans une vente, pour 76 fr., un lot de 20 bouteilles de bourgogne et 12 bouteilles de bordeaux, puis un autre lot de 15 bouteilles de chaque sorte pour 75 fr. Quels sont les prix du bourgogne et du bordeaux?

SOLUTION. Le bourgogne coûte 2 fr. et le bordeaux 3 fr. la bouteille, comme on peut le vérifier.

DÉMONSTRATION. On reconnaîtra, en effet, facilement que si on avait acheté la première fois autant de bouteilles de bourgogne que la seconde fois, la différence des prix proviendrait uniquement de la différence entre les nombres des bouteilles de bordeaux.

Cherchons donc à ramener l'égalité du nombre des bouteilles de bourgogne, et pour cela, après avoir remarqué que 20 est à 15 dans le rapport de 4 à 3, supposons que le premier achat ait été trois fois et le deuxième quatre fois plus fort, nous aurons :

Pour	228 fr.	60 bout. bourgogne	et	36	bout. bordeaux.
Pour	300 fr.	60 —		60	—
Pour	72 fr.			24	bout. bordeaux.

La bouteille de bordeaux coûte donc 72 : 24 = 3 fr. Le prix du bordeaux connu fera facilement trouver celui du bourgogne, qu'on pourrait du reste trouver comme le premier. Supposons, en effet, que le premier lot était 5 fois et le deuxième 4 fois plus fort, on aura :

Pour	380 fr.	100	bout. bourgogne	et 60	bout. bordeaux.
Pour	300 fr.	60	—	60	—
Pour	80 fr.	40	bout. bourgogne.		

La bouteille de vin de Bourgogne vaut donc 80 : 40 = 2 fr.

XLV

Le lion de la fontaine.

Un lion de bronze jette de l'eau dans une fontaine par la gueule, par les yeux et par le pied droit. L'ouverture de la gueule remplirait seule le bassin en 6 heures; par l'œil droit il le remplirait en 2 jours; par l'œil gauche en 3, et par le pied droit en 4 jours. On lui fait jeter de l'eau par toutes ces ouvertures, et on ouvre un robinet capable de vider le bassin en 12 heures. Combien faut-il de temps pour que le bassin soit rempli?

SOLUTION. Il faut 7 heures 47 minutes.

DÉMONSTRATION. Puisque l'ouverture de la gueule remplirait tout le bassin en 6 heures, c'est qu'en 1 heure elle en remplira $\frac{1}{6}$; de même les trois autres ouvertures rempliraient en 1 heure respectivement le $\frac{1}{48}$, le $\frac{1}{72}$, le $\frac{1}{96}$ du bassin, et le robinet en viderait en 1 heure $\frac{1}{12}$; au bout d'une heure la partie du bassin remplie sera donc

$$\frac{1}{6}+\frac{1}{48}+\frac{1}{72}+\frac{1}{96}-\frac{1}{12}=\frac{48+6+4+3-24}{288}=\frac{37}{288}$$

Ainsi, les $\frac{37}{288}$ du bassin seront remplis en 1 heure; $\frac{1}{288}$ sera donc rempli en $\frac{1^h}{37}$, et tout le bassin en 288 fois plus de temps, ou $\frac{288^h}{37}$, ou 7 heures 47 minutes.

XLVI

L'Anesse et le Mulet.

(TRADUCTION D'UN VIEUX PROBLÈME ÉNONCÉ EN VERS LATINS)

Côte à côte avec un mulet, une ânesse portait du vin, et, abîmée sous le poids, elle se plaignait beaucoup. Alors le mulet met fin à ses plaintes en ces termes : « Qu'as-tu à te plaindre comme une petite fille, la mère? Si je te prenais une de tes mesures, ma charge serait double de la tienne, et si tu en prenais une des miennes, j'en aurais encore autant que toi. » Dis-moi, savant mathématicien, combien de mesures ils portent chacun.

SOLUTION. Le mulet porte 7 mesures et l'ânesse 5.

DÉMONSTRATION. Pour qu'une mesure retirée au mulet et donnée à l'ânesse fasse des charges égales, il faut que le mulet ait deux mesures de plus que l'ânesse. Si donc on lui en donne une qu'on retire à l'ânesse, il aura quatre mesures de plus qu'elle; pour qu'il ait alors le double de la charge de l'ânesse, il faut qu'elle ait quatre mesures et lui huit; donc, avant, il en avait sept et l'ânesse cinq.

XLVII

L'école de Pythagore.

(TRADUCTION)

« *O gloire de l'Hélicon, Pythagore, chéri des Muses! dis-moi combien de disciples fréquentent ton école; combien, près de toi, écoutent, haletants, la parole du maître discutant la sagesse? — Le voici, Polycrate; grave dans ton esprit ce que je vais te dire : La moitié étudie les mathématiques, la science de lumière et de vérité, le quart travaille à découvrir les immortelles lois qui régissent la nature; le septième réfléchit sur tout ce qu'il entend et reste assis en silence; mais à côté il y a trois femmes.* »

SOLUTION. Il y a 28 disciples.

DÉMONSTRATION. En effet, les hommes réunis font $\frac{1}{2} + \frac{1}{4} + \frac{1}{7} = \frac{14 + 7 + 4}{28} = \frac{25}{28}$ de l'école. Les $\frac{3}{28}$ restant sont donc composés par les trois femmes; donc $\frac{1}{28}$ de l'école vaut un écolier, et l'école contient 28 disciples.

XLVIII

Les trois Grâces et les neuf Muses.

Aurea mala ferunt Charites, æqualia cuique
Mala insunt calatho; Musarum his obvia turba,
Mala petunt. Charites cunctis æqualia donant;
Tunc æqualia tres contingit habere, novemque.
Dic quantùm dederint, numerus sit ut omnibus idem?

Les Grâces portent des oranges, les oranges sont en nombre égal dans la corbeille de chacune. A leur rencontre arrive la troupe des Muses, qui en demandent. Les Grâces leur en donnent le même nombre à toutes; il arrive alors que chacune des filles de Vénus en a autant que chacune des sœurs d'Apollon. Dites-moi combien elles en ont donné pour faire égal partage à toutes?

SOLUTION. Chaque Grâce avait 12 oranges, ou 24, ou 36, etc, c'est-à-dire un multiple de 12, et elle en a donné 1, ou 2, ou 3, etc., à chaque Muse.

DÉMONSTRATION. Il suffit, en effet, pour que les conditions du problème soient remplies, que chaque Grâce puisse donner à chaque Muse un nombre égal d'oranges et en garder trois fois autant qu'elle en donne à chacune, ce qui arrive avec 12, car si elle en donne une à chaque Muse, elle en garde 3; avec 24, si elle en donne 2 à chaque Muse, elle en garde 6, etc. Chaque Grâce faisant de même, chaque Muse en aura trois fois autant que lui en a donné la première Grâce, et par conséquent autant que cette première en a conservé.

XLIX

L'épitaphe de Diophante.

(TRADUCTION)

Passant, c'est ici le tombeau de Diophante; c'est lui qui, par cette étonnante disposition, t'apprend le nombre d'années qu'il a vécu. Sa jeunesse en a occupé la sixième partie; puis, sa joue se couvrit d'un premier duvet pendant la douzième. Il passa encore le septième de sa vie avant de prendre une épouse, et, cinq ans plus tard, il eut un bel enfant qui, après avoir atteint la moitié de l'âge de son père, périt d'une mort malheureuse. Son père fut obligé de lui survivre, en le pleurant, pendant quatre années. De tout ceci déduis son âge.

SOLUTION. 84 ans.

DÉMONSTRATION. Laissons un instant de côté les cinq ans écoulés de son mariage à la naissance de son fils et les quatre années qu'il lui survécut. Nous trouverons que le reste forme

$$\frac{1}{6}+\frac{1}{12}+\frac{1}{7}+\frac{1}{2}=\frac{14+7+12+42}{84}=\frac{75}{84} \text{ de son âge.}$$

Les $\frac{9}{84}$ qui restent sont donc les 9 ans que nous avons négligés; $\frac{1}{84}$ de sa vie vaut donc 1 an, et son âge est 84 ans.

L

La paye de l'Ouvrier.

Un ouvrier s'engage pour 40 jours chez un patron qui le nourrit, à condition qu'il recevra 1 f. 50 pour chaque jour de travail, et qu'on lui retiendra 75 cent. les jours où il ne travaillera pas. Sa paye, au bout de 40 jours, est de 33 fr. Pendant combien de jours a-t-il travaillé?

SOLUTION. Il a travaillé 28 jours.

DÉMONSTRATION. Le prix moyen d'une de ses journées est 33 fr. : 40 = 0,825 ; nous ferons donc la règle de mélange suivante :

	Prix convenu.	Différence.
Prix moyen... 825	1500	675
	—750	1575

D'où nous conclurons que si l'ouvrier avait travaillé 1575 jours et chômé 675 jours, en tout 2250 jours, il aurait gagné le même prix moyen 0,825. En effet, chaque jour de travail lui rapportant 675 au-dessus du prix moyen, 1575 jours lui feront un avantage de 675 × 1575; mais chaque jour de chômage lui cause, par rapport au prix moyen, une perte de 1575 (puisque d'abord il ne reçoit pas les 825, et, en outre, il faut qu'il paye 750); 675 jours produiront donc une perte de 1575 × 675, et cela fait une exacte compensation. Divisant les nombres de jours par 25, qui est facteur commun, nous trouverons que sur 90 jours l'ouvrier travaillerait 63 et chômerait 27 jours. Donc sur 1 jour il y a $\frac{63}{90} = 0,7$ de travail, et $\frac{27}{90} = 0,3$ de repos, d'où sur 40 jours on trouve $0,7 \times 40 = 28$ jours de travail, et $0,3 \times 40 = 12$ jours de chômage.

LI

Les bœufs de Newton.

Trois bœufs ont mangé en deux semaines l'herbe contenue dans 2 ares de terrain, plus l'herbe qui y a poussé pendant ces deux semaines.

Deux bœufs ont mangé en quatre semaines l'herbe contenue dans 2 ares de terrain, plus l'herbe qui y a poussé pendant ces quatre semaines.

Combien faudra-t-il de bœufs pour manger en six semaines l'herbe contenue dans 6 ares de pré, plus l'herbe qui poussera pendant ces six semaines? (L'herbe croît uniformément.)

L'énoncé de ce problème est attribué à Newton.

SOLUTION. Il faudra 5 bœufs.

DÉMONSTRATION. En représentant par h l'herbe qui pousse dans 1 are et dans une semaine, le problème peut s'écrire, en abrégeant :

(1)	3 bœufs,	en 2 sem.,	ont mangé l'herbe de	2 ares	+	4 h.
(2)	2	— 4	—	2	+	8 h.
	x	— 6 sem.	mangeront........	6	+	36 h.

La première condition peut être remplacée par celle-ci :

(3) 3 bœufs, en 4 sem., ont mangé l'herbe de 4 ares + 8 h.

Combinée avec la condition (2), elle fait voir que :

(4) 1 bœuf, en 4 sem., mange l'herbe de 2 ares.

Il en résulte que :

(5) 2 bœufs, en 4 sem., mangent l'herbe de 4 ares.

Ceci rapproché de (2), fait voir que :

4 ares = 2 ares + 8 h., ou
2 ares = 8 h., 4 h. = 1 are.

Le problème devient donc :

3 bœufs,	en 2 sem.,	ont mangé l'herbe de	3 ares
2	— 4	—	4 —
x	— 6 sem.,	mangeront.........	15 —

Or, la condition (4),

1 bœuf mange en 4 semaines l'herbe de 2 ares, nous apprend que :

1 bœuf mange en une semaine l'herbe de $\frac{1}{2}$ are, ou

1 bœuf mange en 6 semaines l'herbe de 3 ares.

Donc autant de fois 3 ares, nourriture d'un bœuf en 6 semaines, seront contenus dans 15 ares, nourriture du nombre cherché de bœufs pendant le même temps, autant il faudra de bœufs. Ce nombre est donc bien 15 : 3 = 5.

LII

Les âges.

J'ai deux fois l'âge que vous aviez quand j'avais l'âge que vous avez; et quand vous aurez l'âge que j'ai, nous aurons à nous deux 63 ans.

SOLUTION. L'aîné a 28 ans et le jeune 21.

DÉMONSTRATION. Appelons A l'âge du jeune et D la différence des âges; l'aîné a A + D. Quand l'aîné avait A, le jeune avait A — D, et, d'après le problème, le double de A — D, ou 2 A — 2 D vaut A + D ; la différence 2 A — 2 D — A — D, ou A — 3 D doit donc être nulle, ce qui exige que A = 3 D. Ainsi le jeune a 3 D et l'aîné 4 D. Quand le jeune aura l'âge de l'autre, leurs âges respectifs seront 4 D et 5 D, en tout 9 D, qui vaudront 63 ans; donc D vaut 63 : 9 = 7 ans; par conséquent le jeune a 3 D ou 21 ans, et l'aîné 4 D ou 28 ans.

LIII

Compter un régiment.

Supposez que vous vous trouvez avec deux amis sur le passage d'un régiment, que le premier compte les hommes 11 par 11 et trouve qu'il n'en reste pas (il n'aura pas à s'inquiéter du nombre de fois qu'il aura compté 11, par conséquent ce sera assez facile); que le second les compte 9 par 9 et qu'il en reste 5; vous les compterez de votre côté 13 par 13; supposons qu'il en reste 8 (vous ne vous inquiétez jamais que de ce qui reste à la fin). Vous vous proposez, avec ces trois résultats, de trouver combien le régiment contient d'hommes.

SOLUTION. Il en contient 671, ou 1958, ou 3245, nombres entre lesquels il est impossible d'hésiter à la simple vue.

Démonstration. Le nombre cherché, divisé par **11**, donne pour reste zéro; il fait donc partie de la suite des multiples de **11** :

$$11,\ 22,\ 33,\ 44,\ 55,\ 66,\ 77\ 88,\ 99.....$$

Cherchons le premier de ces nombres qui soit un multiple de 9 augmenté de 5, pour répondre à la deuxième condition; ce sera celui dont la somme des chiffres donnera 5; 77, par exemple, donne $7+7=14$, et dans 14, $1+4=5$. Après 77, celui qui remplira les deux premières conditions sera 77 plus un multiple de 11×9 ou de 99, car pour qu'il reste multiple de 11, il faut lui ajouter un multiple de 11, et pour qu'il donne toujours le reste 5 en le divisant par 9, il faut que ce multiple de 11 qu'on ajoute soit aussi un multiple de 9. Les nombres entre lesquels nous aurons à choisir seront donc :

$$77,\ 176,\ 275,\ 374,\ 473,\ 572,\ 671.....$$

Le premier de ces nombres qui, divisé par 13, donnera le reste 8 (pour satisfaire à la troisième condition), se trouvera, en remarquant que ces nombres diffèrent de 99, qui donne pour reste 8, en le divisant par 13, et que le premier de ces nombres, 77, donne le reste 12. Le second donnera donc pour reste $12+8=20$ ou 7, en retranchant 13; le troisième, $7+8=15$ ou 2; le quatrième, $2+8$ ou 10; le cinquième, $10+8=18$ ou 5; le sixième, $5+8=13$ ou 0; et le septième, $0+8=8$.

C'est donc le septième nombre de la suite ou 671 qui est le premier qui puisse convenir à notre problème. Il est clair que les nombres qui y conviendront ensuite devront différer de celui-là d'un multiple de 11 pour conserver la première condition, d'un multiple de 9 pour la deuxième, et d'un multiple de 13 pour la troisième, ou d'un multiple de $11\times 9\times 13=1287$; ils seront donc :

$$671,\ 1958,\ 3245,\ 4532.....$$

Remarque I. On devra avoir soin de prendre, pour compter, des nombres premiers entre eux, comme 9, 11, 13, 14, sans quoi la recherche des multiples à ajouter serait plus compliquée et l'estimation du nombre moins facile.

REMARQUE II. Nous allons recommencer le problème en tenant compte d'abord de la dernière condition, pour finir par la première, afin de faire voir qu'il n'y a pas de changement à la méthode lorsque le premier reste n'est pas zéro.

Le nombre divisé par 13 donne pour reste 8 ; il est donc dans la suite des multiples de 13 augmentés de 8 :

21, 34, 47, 60, 73, 86, 99.....

Divisé par 9, il donne le reste 5; c'est donc un des nombres de cette série dont la somme des chiffres donne 5, 86 par exemple, les autres nombres convenables de la série étant 86 plus ou moins un multiple de 13×9 ou 117, c'est-à-dire que nous aurons à choisir entre les nombres

86, 203, 320, 437, 554, 671.....

Enfin ce nombre doit se diviser exactement par 11. Le premier, divisé par 11, donnant pour reste 9 et la différence 117, donnant pour reste 7, le deuxième donnera pour reste $9 + 7 = 16$ ou 5; le troisième, $5 + 7 = 12$ ou 1; le quatrième, $1 + 7 = 8$; le cinquième, $8 + 7 = 15$ ou 4; et le sixième, $4 + 7 = 11$ ou 0. Ce sera donc le sixième nombre de cette série ou 671 qui sera le premier nombre convenable; les autres suivront à $13 \times 9 \times 11 = 1287$ de distance, et seront par conséquent :

671, 1958, 3245, 4532.....

LIV

Embarras d'un héritier.

Un homme a à toucher chez un notaire une somme provenant d'un héritage, avec les intérêts de cette somme depuis 8 mois. Le notaire lui dit simplement : « Cela fait 3616 fr. 67 cent. que je vous dois. » L'héritier s'en va sans prendre cet argent, pour chercher par quelque moyen à découvrir quelle somme lui revient dans l'héritage. Il ne trouve pas, et retourne chez son notaire deux ans et demi après l'ouverture de la succession. Le notaire lui compte

3937 *fr.* 50. *Ne pourrait-il pas maintenant savoir et de combien il a hérité et à quel taux le notaire lui paye l'intérêt?*

Solution. Il a hérité de 3500 fr., et le taux est 5 %.

DÉMONSTRATION.

Valeur de la somme au bout de 30 mois.		3937 fr. 50
— — 8 mois.		3616 67
Intérêts pendant 22 mois................		320 fr. 83
— 2 mois $\frac{320,83}{11}$.......	=	29 fr. 17
— 8 mois 29,17 × 4....	=	116 fr. 68
Héritage, 3616 fr. 67 — 116 fr. 68.....	=	3500 fr. 00
Rente pour 1 an, 29,17 × 6..........	=	175 fr. 02
Taux $\frac{175,02 \times 100}{3500}$................	=	5 %

LV

Les œufs.

Un homme revient à Paris d'une promenade à la campagne et rapporte des œufs frais. Il fait visite à trois amis qui sont malades, donne au premier la moitié de ses œufs, plus la moitié d'un œuf; au second, la moitié de son reste, plus la moitié d'un œuf; au troisième, la moitié du reste encore, plus la moitié d'un œuf; après quoi il n'en a plus. Combien en a-t-il apporté?

Solution. Il a rapporté 7 œufs, en a donné 4 à sa première visite, 2 à la seconde et 1 à la troisième.

Démonstration. Avant sa troisième visite, il ne lui reste plus qu'un œuf, car 1 est le seul nombre dont la moitié plus $\frac{1}{2}$ œuf étant donnée, il ne reste rien. Si dans la deuxième visite il n'avait donné que la moitié de ses œufs, il en aurait conservé la moitié, qui aurait été 1 œuf qu'il avait pour sa troisième visite, plus $\frac{1}{2}$ œuf qu'il n'aurait pas donné. Avant la deuxième visite, il avait donc 2 fois 1 œuf $\frac{1}{2}$ ou 3 œufs. De même si à la première visite il avait gardé

$\frac{1}{2}$ œuf, il lui en serait resté 3 $\frac{1}{2}$, qui auraient été la moitié des œufs qu'il avait avant.

Il avait donc 7 œufs.

LVI

Le Sommelier infidèle.

Un sommelier qui descend tous les jours une fois à la cave, prend chaque fois dans un tonneau de 100 litres 1 litre de vin, qu'il remplace par 1 litre d'eau. Au bout de 30 jours on s'en aperçoit et on le chasse. Combien y a-t-il d'eau dans le tonneau?

SOLUTION. Il y a 26 lit. 03 centil. d'eau dans le tonneau, et il y reste 73 lit. 97 centil. de vin.

DÉMONSTRATION. Puisqu'il a chaque fois le soin de remplir exactement le tonneau de 100 litres, il est clair qu'il enlève chaque fois, en prenant 1 litre, le $\frac{1}{100}$ de ce qu'il y a de vin et le $\frac{1}{100}$ de ce qu'il y a d'eau dans le tonneau; il reste donc chaque fois dans ce tonneau les $\frac{99}{100}$ du vin qu'il contenait avant que le sommelier prît son litre. Par conséquent il y restait la 1re fois les $\frac{99}{100}$ de 100 litres, la 2e fois les $\frac{99}{100}$ des $\frac{99}{100}$ de 100 litres ou les $\frac{99^2}{100^2}$ de 100 litres, la 3e fois les $\frac{99}{100}$ des $\frac{99^2}{100^2}$ de 100 litres ou les $\frac{93^3}{100^3}$ de 100 litres, etc., et enfin la 30e fois il restait les $\frac{99^{30}}{100^{30}}$ de 100 litres ou $\frac{99^{30}}{100^{29}}$ de litre $=$ 73 lit. 79 centil. par conséquent, l'eau introduite était de 26 lit. 03 centil.

Au lieu de calculer la fraction $\frac{99^{30}}{100^{29}}$ par logarithmes ou directement, ce qui serait très-long, on peut chercher successivement combien il restera d'eau chaque jour après le mélange fait, on le trouvera en diminuant ce qui restait le jour précédent du centième de sa valeur et en ajoutant 1 litre au résultat, ce qui donnera :

Jours.	Litres.	Jours.	Litres.
1er..........	1	7e..........	6,7935
2e..........	1,99	8e..........	7,7256
3e..........	2,9701	9e..........	8,6484
4e..........	3,9404	10e..........	9,5620
5e..........	4,9010	11e..........	10,4664
6e..........	5,8520	12e..........	11,3618

Jours.	Litres.	Jours.	Litres.
13e	12,2482	22e	19,8377
14e	13,1258	23e	20,6394
15e	13,9946	24e	21,4331
16e	14,8547	25e	22,2188
17e	15,7062	26e	22,9967
18e	16,5492	27e	23,7668
19e	17,3838	28e	24,5292
20e	18,2100	29e	25,2840
21e	19,0279	30e	26,0315

LVII

Les trois Ouvriers.

Jacques et Jean ont mis ensemble 8 jours pour bêcher une certaine étendue de terrain; Jacques et Pierre ont mis 9 jours, et Jean et Pierre ont mis ensemble une autre fois 10 jours pour bêcher la même étendue de terrain. Combien aurait-il fallu de temps à chacun d'eux pour faire seul le même ouvrage?

SOLUTION.

Il faut à Jacques.................... 14 j. $\frac{34}{49}$
— à Jean.................... 17 j. $\frac{23}{41}$
— à Pierre.................... 23 j. $\frac{7}{31}$

DÉMONSTRATION. On peut remarquer, en effet, que :

En 1 jour	Jacques et Jean ensemble feront		$\frac{1}{8}$	de l'ouvrage.
—	Jacques et Pierre	—	$\frac{1}{9}$	—
—	Jean et Pierre	—	$\frac{1}{10}$	—

Donc en ajoutant :

En 1 jour, 2 Jacques, 2 Jean et 2 Pierre feront $\frac{1}{8}+\frac{1}{9}+\frac{1}{10}$, c'est-à-dire $\frac{45+40+36}{360}=\frac{121}{360}$ de l'ouvrage, ou Jacques, Jean et Pierre en feront les $\frac{121}{720}$; mais Jacques et Jean en font le $\frac{1}{8}$.

Donc Pierre en fait $\frac{121}{720}-\frac{1}{8}=\frac{121-90}{720}=\frac{31}{720}$.

Jacques et Pierre en font $\frac{1}{9}$.

Donc Jean en fait $\frac{121}{720} - \frac{1}{9} = \frac{121-80}{720} = \frac{41}{720}$.

Et Jean et Pierre en font $\frac{1}{10}$.

Donc Jacques en fait $\frac{121}{720} - \frac{1}{10} = \frac{121-72}{720} = \frac{49}{720}$.

En 1 jour, Jacques faisant les $\frac{49}{720}$ de l'ouvrage, en fera $\frac{1}{720}$ en $\frac{1\text{ j}}{49}$ et les $\frac{720}{720}$ ou tout l'ouvrage en $\frac{720\text{ j}}{49} = 14\text{ j. }\frac{34}{49}$.

De même Jean ferait tout l'ouvrage en $\frac{720\text{ j}}{41} = 17\text{ j. }\frac{23}{41}$.

Et Pierre en $\frac{720\text{ j}}{31} = 23\text{ j. }\frac{7}{31}$.

LVIII

Les étrennes du Commissaire.

Un commissaire reçoit pour étrennes des marchands de vins de son quartier 140 bouteilles de vin, qu'il range dans sa cave le long des 4 murs, en faisant remarquer à son clerc qu'il y en a 36 sur chaque côté. Le clerc lui vole, à 16 reprises différentes, 4 bouteilles de vin chaque fois, et le commissaire ne s'en aperçoit pas, parce qu'il y a toujours 36 bouteilles sur chaque côté.

Solution. La solution est indiquée par les tableaux suivants :

Arrangement du commissaire.

1	34	1
34		34
1	34	1

Premier arrangement du clerc.

2	32	2
32		32
2	32	2

Deuxième arrangement du clerc.

3	30	3
30		30
3	30	3

Dernier arrangement du clerc.

17	2	17
2		2
17	2	17

Démonstration. On comprend, en effet, que le clerc pourra enlever 2 bouteilles à chaque case du milieu, en tout 8 bouteilles, à condition d'en remettre une à chaque case du coin, car cette case étant comptée dans deux rangs différents, compte double, et le même nombre reparaîtra toujours dans chaque rangée, ce qui lui permet d'emporter 4 bouteilles. Il s'arrêtera quand il n'y aura plus que 2 bouteilles à la case du milieu, car il deviendrait trop facile de le découvrir, et aura ainsi pu répéter sa soustraction $\frac{34-2}{2} = 16$ fois, ce qui fera 64 bouteilles (16 fois 4) de moins à son patron.

LIX

Résultat certain.

Faites penser un nombre à une personne, faites-lui multiplier ou diviser ce nombre et les résultats par les nombres que vous voudrez; vous pourrez, à un instant quelconque, dire le résultat que la personne a obtenu, pourvu que dans le courant des opérations vous lui ayez dit une fois de diviser par le nombre qu'elle a pensé.

Règle. Vous prendrez aussi un nombre à volonté, sur lesque vous ferez mentalement les mêmes opérations que vous direz à la personne d'effectuer.

A partir du moment où on aura divisé, elle par le nombre qu'elle a pensé, vous par le nombre que vous avez pris, les résultats que vous obtiendrez seront les mêmes que ceux qu'obtient la personne que vous faites calculer.

Exemple. Supposons que le nombre pensé par la personne soit 13, que vous lui disiez de multiplier par 7, ce qui fait 91; de prendre moitié, $45\frac{1}{2}$; de multiplier par 6, 273; de diviser par 7, $\frac{273}{7}=39$; de quadrupler, $39 \times 4 = 156$; de prendre le sixième, $\frac{156}{6} = 26$; de diviser par le nombre pensé, $\frac{26}{13} = 2$; de multiplier par 5, $2 \times 5 = 10$; par 7, $10 \times 7 = 70$; de prendre moitié, $\frac{70}{2} = 35$, etc., aussi longtemps que vous voudrez.

Prenez le nombre 2, et faites successivement de tête les mêmes opérations, vous aurez successivement les nombres 14, 7, 42, 6, 24, 4, 2, 10, 70, 35, etc.

Démonstration. On voit clairement, en effet, que les premiers nombres qu'obtiendra la personne sont avec ceux qu'on emploie dans le rapport de **13** à **2**, et par suite, que lorsque les deux calculateurs ont divisé, l'un par **13** et l'autre par **2**, les résultats sont dans le rapport de **1** à **1**, c'est-à-dire égaux.

LX

Chacun son écot.

Deux personnes conviennent de dîner ensemble et fournissent : la première 5 plats, la seconde 3 plats, estimés chacun de même valeur. Une troisième survient, dîne sans rien fournir, et paye 4 fr. pour son écot. Combien revient-il à chacune des deux premières?

SOLUTION. Il revient au premier 3 fr. 50 cent., et au second 50 cent.

DÉMONSTRATION. On doit considérer, en effet, la dépense totale comme valant trois fois ce que le dernier a payé ou 12 fr., ce qui porte la valeur de chacun des 8 plats à $\frac{12}{8}$ ou 1 fr. 50 ; le premier en ayant fourni 5, estimés 1 fr. 50 $\times$ 5 $=$ 7 fr. 50, il lui revient 3 fr. 50, et le second ayant fourni pour 1 fr. 50 $\times$ 3 $=$ 4 fr. 50, il devra recevoir 0 fr. 50 cent., pour que chacun ait en définitive une dépense de 4 fr.

LXI

Sur les âges.

Un père a 48 ans, son fils 12, on demande : 1° dans combien d'années l'âge du père sera triple de l'âge du fils; 2° combien y a-t-il d'années que l'âge du père était 7 fois l'âge de son fils?

SOLUTIONS. 1° Dans 6 ans; 2° Il y a 6 ans.

DÉMONSTRATION. La différence des âges de ces deux personnes est actuellement et sera toujours 36 ans; or, 1° on conçoit que quand l'âge du père sera triple de celui du fils, la différence 36 devra être double de l'âge de ce fils, qui aura donc à ce moment $\frac{36}{2} = 18$ ans;

ce sera donc dans 6 ans. En effet, le père aura alors $48 + 6 = 54$ ans, qui est bien le triple de 18.

2° Quand l'âge du père valait 7 fois l'âge du fils, la différence 36 valait une fois de moins ou 6 fois l'âge de ce fils; il avait donc à cette époque $\frac{36}{6} = 6$ ans; il y a donc 6 ans que cela a eu lieu, puisqu'il en a maintenant 12.

LXII

Combien d'œufs vendus?

On a acheté des œufs à 2 pour 1 sou, puis autant à 3 pour 1 sou; on les revend tous à 5 pour 2 sous et on perd 1 sou; combien a-t-on vendu d'œufs?

RÉPONSE. 60.

SOLUTION. Le prix d'achat des premiers est $\frac{1}{2}$ de sou par œuf, celui des seconds, de $\frac{1}{3}$ de sou; le prix moyen d'achat est donc la moitié de $\frac{1}{2} + \frac{1}{3}$ ou de $\frac{5}{6}$, c'est-à-dire $\frac{5}{12}$.

Le prix de vente d'un œuf à 5 pour 2 sous est $\frac{2}{5}$ de sou; la perte est donc de $\frac{5}{12} - \frac{2}{5} = \frac{1}{60}$ de sou par œuf; il faut donc en avoir vendu 60 pour perdre 1 sou.

LXIII

Problème du Renard et du Lévrier.

Un renard a 72 sauts d'avance sur un lévrier qui le poursuit; il fait 9 sauts pendant que le lévrier en fait 5; mais 3 sauts du lévrier en valent 7 du renard. Au bout de combien de sauts le renard sera-t-il rejoint?

RÉPONSE. Au bout de 243 sauts.

SOLUTION. 3 sauts du lévrier en valant 7 du renard, 1 du lévrier vaudra $\frac{7}{3}$ de saut du renard, et 5 en vaudront $\frac{35}{3}$; mais, pendant qu'il fait ces $\frac{35}{3}$, le renard en fait 9, ou $\frac{27}{3}$; il a donc, après ses 9 sauts, perdu de son avance $\frac{35 - 27}{3} = \frac{8}{3}$, et comme $\frac{8}{3}$ est contenu dans 72 un nombre de fois donné par $72 : \frac{8}{3} = 72 \times \frac{3}{8} = 9 \times 3 =$

27, il aura perdu toute son avance au bout de 27 fois 9 sauts ou 243 sauts.

LXIV

Le levier d'Archimède.

On attribue à Archimède cette parole : « Donnez-moi un point d'appui et je soulèverai le monde. » Il voulait dire par là que les principes de la mécanique, convenablement appliqués en pratique, pouvaient donner des résultats remarquables, mais non pas qu'en réalité il pourrait soulever la terre. On peut, du reste, s'en apercevoir facilement par le calcul.

Réfléchissons d'abord que si un levier est posé sur un point d'appui situé aux $\frac{2}{3}$ de sa longueur, pour faire équilibre à un poids de 12 kilog. placé à l'extrémité du petit bras de levier, il en faudra un de 8 kilog. placé à l'extrémité du grand bras, de façon qu'on ait :

$$\frac{2 \text{ m.}}{3 \text{ m.}} = \frac{8 \text{ k.}}{12 \text{ k.}}$$

C'est-à-dire que les poids placés aux extrémités des bras de levier doivent être en raison inverse des longueurs de ces bras de levier.

Cela étant, considérons la terre comme un ellipsoïde de révolution dont le demi-grand axe est 6 377 398 m. et le demi-petit axe 6 356 080 m., le volume de la terre (le monde dont voulait parler Archimède) sera

$$\frac{4}{3}\pi \times 6\,377\,398 \times 6\,356\,080^2$$

= 1 079 222 000 000 000 000 000 mètres cubes, et comme la densité moyenne de la terre est 5,48, c'est-à-dire que si on supposait tous les corps qui composent notre terre broyés et parfaitement mélangés, 1 litre de la matière résultant du mélange pèserait 5 kilog. 480 gr., et 1 mètre cube pèserait 5480 kilog. ; la terre pèsera :

$$1\,079\,222\,000\,000\,000\,000\,000 \times 5480$$
$$= 5\,914\,138\,000\,000\,000\,000\,000\,000 \text{ kilogr.}$$

Supposons donc que le point d'appui du levier d'Archimède fût seulement à 1 m. de la terre qu'il veut soulever, et donnons à Archimède la force moyenne d'un homme, 75 kilog. ; la longueur du bras de levier au bout duquel agira Archimède sera, d'après la proportion que nous avons établie plus haut :

$$\frac{75 \text{ kilog.}}{5914138000000 \text{ trillions de kilog.}} = \frac{1 \text{ m.}}{x \text{ m.}}$$

$$x = \frac{5914138000000 \text{ trillions}}{75}$$

$$x = 78855170000 \text{ trillions de mètres.}$$

$$x = 19713790000 \text{ milliards de lieues.}$$

Il faudrait donc un levier d'une longueur de 518 milliards de fois la distance de la terre au soleil, qui est de 38 millions de lieues.

Et s'il avait voulu déplacer la terre de 1 millimètre, il aurait eu à déplacer l'extrémité de son bras de levier de

78855170000 trillions de millimètres,

ou de 19713790000 millions de lieues.

LXV

Contenu d'un tonneau.

Avec un premier tonneau si on en remplit un second, il en reste les $\frac{4}{7}$; avec le second si on remplit un troisième tonneau, il en reste $\frac{1}{4}$; le troisième ne peut remplir que les $\frac{9}{16}$ d'un quatrième, et le premier contient 15 litres de plus que le troisième et le quatrième ensemble. Combien de litres dans chaque tonneau?

SOLUTION.

Le 1er tonneau contient	....	140 litres.
Le 2e —	....	60 —
Le 3e —	....	45 —
Le 4e —	....	80 —

DÉMONSTRATION. En effet, le 1er remplissant le 2e avec les $\frac{4}{7}$ de reste, le 2e vaut les $\frac{3}{7}$ du premier; de même le 3e vaut les $\frac{3}{4}$ du second, et par conséquent les $\frac{3}{4}$ des $\frac{3}{7}$ ou les $\frac{9}{28}$ du 1er. Le 3e valant les $\frac{9}{16}$ du 4e, réciproquement, celui-ci vaudra les $\frac{16}{9}$ du 3e, c'est-à-dire les $\frac{16}{9}$ des $\frac{9}{28}$ ou les $\frac{4}{7}$ du 1er. Le 3e et le 4e ensemble vaudront donc les $\frac{4}{7}+\frac{9}{28}=\frac{25}{28}$ du 1er, c'est-à-dire que les $\frac{3}{28}$ du 1er qui restent seront composés des 15 litres que le 1er contient de plus que le 3e et le 4e ensemble.

Les $\frac{3}{28}$ du 1er tonneau sont donc 15 litres, par suite le $\frac{1}{28}$ vaut $\frac{15\text{ l.}}{3}=5$ lit., et les $\frac{28}{28}$ ou le tonneau entier vaudra 5 lit. $\times 28=$ 140 lit. On en déduira facilement les autres.

LXVI

Retrouver une fraction.

Quelle est la fraction telle, qu'en retranchant 3 de chacun de ses termes, elle devienne égale à $\frac{1}{4}$, et qu'en ajoutant aux deux termes 5, elle soit égale à $\frac{1}{2}$?

Solution. C'est la fraction $\frac{7}{19}$.

Démonstration. La différence entre le numérateur et le dénominateur ne changeant pas quand on ne fait qu'augmenter ou diminuer ces deux termes du même nombre, après la première opération la fraction étant équivalente à $\frac{1}{4}$, on voit que son dénominateur est 4 fois son numérateur, ou que la différence entre son dénominateur et son numérateur vaut 3 fois son numérateur actuel ou 3 fois le numérateur primitif, moins 9, le numérateur actuel étant égal au numérateur primitif diminué de 3. De même, après la seconde opération, la fraction étant équivalente à $\frac{1}{2}$, la différence vaut le numérateur actuel, c'est-à-dire le numérateur primitif plus 5. La différence n'ayant pas changé, il y a donc égalité entre :

1° 3 fois le numérateur primitif moins 9
2° 1 fois — plus 5

La différence de ces deux expressions, quant à la partie numérique, est 14, qui ne peut provenir que de la différence entre 3 fois et une fois le numérateur. 2 fois ce numérateur faisant 14, on a 7 pour sa valeur. La deuxième expression de la différence donne donc 7 + 5 ou 12 pour cette différence, et par suite, 12 + 7 ou 19 pour le dénominateur.

LXVII

Sur les âges.

Il y a 5 ans, l'âge d'un père valait 3 fois l'âge de son fils; dans 5 ans il en vaudra le double; quel est l'âge de chacun?

SOLUTION. 15 ans et 35 ans.

EXPLICATION. C'est le même problème que le précédent. On trouvera que la différence des deux âges vaut, d'après la première condition :

1° Deux fois l'âge du fils moins 10, et d'après la seconde :

2° Une fois l'âge du fils plus 5, d'où l'on déduit que l'âge du fils est 15 ans.

LXVIII

Deviner un chiffre rayé dans le résultat d'une des trois premières opérations.

1° Dans une addition.

RÈGLE. Faites-vous présenter les nombres qu'on veut additionner, ou faites-les énoncer à haute voix, chiffre par chiffre, et pendant qu'on les énoncera, vous ajouterez de tête ces chiffres, de façon à connaître d'avance le résultat de la preuve par 9 de cette addition. Vous vous ferez présenter ensuite ou dire la somme dans laquelle on aura omis un chiffre, et vous permettrez d'écrire ces chiffres qu'on vous présente, dans un tout autre ordre que le véritable. Alors, faisant rapidement leur somme et son reste par 9, la différence de ce reste avec celui que vous avez trouvé d'abord, vous donnera le chiffre effacé.

EXEMPLE I. Si on vous dicte les nombres 7865, 4329, 78662, 3009, 62508, vous n'aurez à vous occuper que du reste 7 de la somme de leurs chiffres par 9, et lorsqu'au lieu de la véritable somme 156373 on vous donnera, par exemple, le nombre 36531, dont la somme des chiffres donne 9, et par conséquent le reste 0, la différence de ce reste 0 avec le premier, qui était 7, vous indique que c'est un 7 qui a été omis.

EXEMPLE II. Si on vous dicte les nombres 438, 623, 280, 542, à la somme desquels vous voyez immédiatement le reste 2, et si on vous donne comme résultat le nombre 813, qui donne le reste 3, plus fort que le précédent, vous considérerez le reste précédent augmenté de 9, ce qui fera 11, et en retranchant 3, vous trouverez 8 pour le chiffre effacé.

2° Dans une soustraction.

RÈGLE ET EXEMPLES. Vous opérez de la même manière, en observant que pour trouver le reste par 9 du résultat, il faudra quelquefois augmenter de 9 le reste que donne le nombre supérieur.

Si on vous propose 7864 — 3769, les deux restes étant 7, celui du vrai résultat sera 0, et par conséquent en retranchant de $0 + 9$ ou de 9 la somme des chiffres de 940 que nous supposons donné, vous trouverez $9 - 4$ ou 5 pour le chiffre supprimé.

Si on vous donne 10001 — 2876, le premier reste est 2, le second est 5; alors le reste par 9 que devrait donner la différence des deux nombres est :

$$2 + 9 - 5 = 6$$

En sorte que si on vous donne comme résultat 521, la somme de ces chiffres étant 8, le chiffre omis est :

$$6 + 9 - 8 = 7$$

3° Dans une multiplication.

Le produit des restes par 9 de tous les facteurs donnant immédiatement le reste par 9 du produit définitif, ce sera dans le cas de la multiplication qu'il sera le plus commode de résoudre le problème.

EXEMPLE. 3685×673. Le reste doit être :

$$4 \times 7 = 28, \text{ qui donne } 1$$

Si donc on vous donne pour résultat 240500, dont le reste par 9 est 2, le chiffre effacé sera :

$$1 + 9 - 2 \text{ ou } 8$$

Remarque I. L'explication de ces règles est inutile pour qui aura lu attentivement ce que nous avons dit des preuves par 9 des opérations d'arithmétique; nous ferons observer seulement que si le reste par 9 du nombre qu'on vous donne était le même que celui que vous avez trouvé d'avance, c'est qu'on aurait supprimé un 9 ou un zéro. Alors vous diriez hardiment qu'on a effacé un 9, et si on vous répondait : « Non, » vous diriez tout de suite : « Zéro n'est pas un chiffre. »

Remarque II. Dans une division, quand bien même le quotient serait exact, le reste par 9 du dividende pourrait provenir de plusieurs restes différents au quotient multipliés par celui du diviseur. Ainsi le reste 0 au dividende peut provenir du reste 3 du diviseur multiplié par les restes 0, 3 ou 6 au quotient; il peut donc y avoir doute, et il faudrait poser vous-même une opération donnant des restes qui n'offrissent pas de doute, ce qui ne serait pas bien difficile, mais ferait perdre au problème beaucoup de son effet.

S'il y avait un reste à la division, vous ne pourriez voir s'il y a doute ou non qu'après avoir demandé ce reste pour le retrancher du dividende. Il se présente des difficultés analogues pour les extractions des racines; on s'en tiendra donc aux trois premières opérations.

Remarque III. Vous éviterez la nécessité d'un calcul, mais le problème y perdra une partie de son originalité en posant vous-même les opérations. Pour l'addition, vous aurez soin, chaque fois que vous aurez écrit un chiffre, d'écrire plus loin son complément, par rapport à 9, comme dans l'exemple ci-joint.

7263
1278
4059
———

Pour la soustraction, après avoir écrit le nombre supérieur, vous composerez le nombre inférieur avec les mêmes chiffres significatifs écrits dans un autre ordre, ou bien vous ferez en sorte que les deux nombres donnent le même reste par 9. Dans la multiplication, vous prendrez pour un des facteurs un multiple de 9; ainsi :

7342028
823742
———

$$358 \times 243 \times 6347$$

243 est un multiple de 9.

Alors vous serez sûr d'avance que dans les trois cas le reste par 9 du résultat de l'opération exacte serait zéro; par conséquent, ce qui manquera pour faire 9 à la somme des chiffres du nombre qui vous sera remis, sera le chiffre supprimé.

LXIX

La couronne de Hiéron.

Hiéron, roi de Syracuse, avait remis à son orfèvre 10 livres d'or pour faire une couronne qu'il voulait offrir à Jupiter. La couronne, rendue, se trouva bien du poids de 10 livres, mais sa couleur fit soupçonner au roi que l'ouvrier avait allié de l'argent à l'or, et il consulta Archimède. Celui-ci ayant trouvé que l'or perd dans l'eau les 52 millièmes de son poids, et que l'argent y perd les 99 millièmes du sien, chercha le poids de la couronne plongée dans l'eau, et le trouva de 9 livres 6 onces, ce qui fit découvrir la fraude. On demande combien il y avait de livres de chaque métal dans la couronne.

On raconte qu'Archimède découvrit ce grand principe de physique : « Tout corps plongé dans un fluide (liquide ou gaz), y perd de son poids une partie égale au poids du fluide qu'il déplace, » en se baignant et en remarquant que son corps perdait de plus en plus de son poids à mesure qu'il s'enfonçait dans l'eau, et par conséquent qu'il en déplaçait davantage. Enthousiasmé de cette découverte, qui rendait facile la solution du problème qu'Hiéron lui avait posé, il sortit du bain et courut chez lui en criant à travers les rues de Syracuse : « ΕΥΡΗΚΑ ! » j'ai trouvé.

Réponse. La couronne rendue contenait 7 livres 12 onces $\frac{12}{47}$ d'or et 2 livres 3 onces $\frac{35}{47}$ d'argent.

Solution. La perte totale du poids est 10 onces, la perte moyenne sera donc $\frac{10 \text{ onces}}{10 \text{ livres}} = \frac{1}{16}$, puisqu'il y a 16 onces dans la livre. On aura donc, d'après la méthode employée pour les problèmes de mélange :

		Perte réelle.	Différence.
Perte moyenne de poids $\frac{1}{16} = \frac{125}{2000}$	Or....	$\frac{104}{2000}$	21
	Argent.	$\frac{198}{2000}$	73

L'or est donc avec l'argent dans le rapport de 73 à 21, c'est-à-dire qu'on aura, en prenant de l'alliage qui composait la couronne :

94 livres,	73 livres d'or	et 21 livres d'argent.	
1 —	$\frac{73}{94}$ —	$\frac{21}{94}$ —	
10 —	$\frac{730}{94}$ —	$\frac{210}{94}$ —	

Ou 7 livres 12 onces $\frac{12}{47}$ d'or, et 2 livres 3 onces $\frac{35}{47}$ d'argent.

LXX

La livrée.

Un maître promet à son domestique 360 fr. de gages annuels, plus une livrée. Obligé de le renvoyer au bout de 10 mois, il lui donne 290 fr. et lui laisse la livrée. A combien cette livrée est-elle estimée?

RÉPONSE. A 60 fr.

SOLUTION. Le domestique doit, en effet, être considéré comme ayant acquis dans ses 10 mois, outre ses gages en argent, les $\frac{10}{12} = \frac{5}{6}$ de sa livrée ; mais si l'on n'avait égard qu'aux gages de l'année en espèces, il devrait recevoir 30 fr. par mois ou 300 fr. en 10 mois. Il est clair que les 300 fr. — 290 fr. ou 10 fr., qu'on lui retient, sont le prix du $\frac{1}{6}$ de la livrée qu'il lui reste à gagner. Le prix auquel est estimée cette livrée est donc

$$10 \times 6 = 60 \text{ fr.}$$

LXXI

Les trois joueurs.

Trois joueurs conviennent qu'à chaque partie le perdant doublera l'argent des deux autres. Après trois parties perdues successivement par chacun des trois, ils se retirent chacun avec 24 fr; combien avaient-ils en commençant à jouer?

Solution. Le 1er, c'est-à-dire celui qui a perdu la 1re partie, avait 39 fr. ; le 2e 21 fr., et le 3e 12 fr.

Démonstration. Ils ont, après la 3e partie :

1er 24 fr. ; 2e 24 fr. ; 3e 24 fr.

Et c'est le 3e qui perd cette dernière partie et double l'argent des 2 autres. Donc, avant cette dernière partie, les 2 autres n'avaient que 12 fr. chacun, et il avait en plus les 24 fr. qu'il leur donne. Ainsi, après la 2e partie que le 2e perd, ils ont :

1er 12 fr. ; 2e 12 fr. ; 3e 48 fr.

Mais le 1er et le 3e viennent de doubler leur argent; donc avant cette partie ils avaient : l'un 6 fr., l'autre 24 fr., et le 2e avait en plus les $6 + 24$ ou 30 fr. qu'il est obligé de leur donner; donc après la 1re partie que le 1er a perdue, ils avaient :

1er 6 fr. ; 2e 42 fr. ; 3e 24 fr.

Et avant cette 1re partie, le 2e et le 3e n'avaient que la moitié de ce qu'ils ont maintenant, 21 fr. et 12 fr., et le 1er avait en plus $21 + 12 = 33$ fr., qu'il leur donne après avoir perdu; donc en commençant à jouer ils ont :

1er 39 fr. ; 2e 21 fr. ; 3e 12 fr.

LXXII

Deux lignes concourant hors du dessin, les faire égales à partir du sommet inconnu de leur angle.

Règle. D'un point C, pris sur la première, abaissez sur la seconde une perpendiculaire CB, et de ce dernier point B, une perpendiculaire BD sur la première; la ligne BA qui divisera l'angle CBD en deux parties égales, résoudra le problème.

DÉMONSTRATION. Appelons O le point inconnu où les deux lignes se rencontrent, l'angle OBA = OBD + DBA, et l'angle OAB = ACB + ABC, car l'angle OAB, extérieur au triangle ACB, vaut la somme des deux angles intérieurs non adjacents. Mais ACB ou OCB = OBD, comme étant tous deux complémentaires de l'angle au sommet inconnu BOA, et ABC = DBA; donc OBA = OAB; donc le triangle OAB, dont le sommet O est inconnu, est isocèle, et OA = OB.

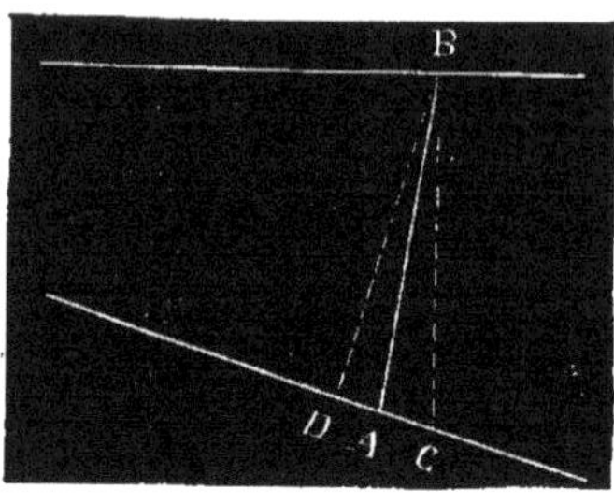

REMARQUE. Une perpendiculaire au milieu de AB ainsi déterminée, passera par le point inconnu O et divisera l'angle AOB en deux parties égales.

LXXIII

Deux lignes concourant hors du dessin, tracer, par un point donné, une droite qui passera par le sommet inconnu de leur angle.

RÈGLE. On mène, par le point donné H, une ligne qui coupe les deux droites données en A et en B, et on cherche le rapport de HA à HB; on mène ensuite une parallèle à AB, CD, par exemple, sur laquelle on détermine un point K, de telle sorte qu'il y ait le même rapport entre KC et KD qu'entre HA et HB. En joignant HK, on aura une droite qui passera par le sommet inconnu O, que le point donné H soit dans l'angle ou hors de l'angle.

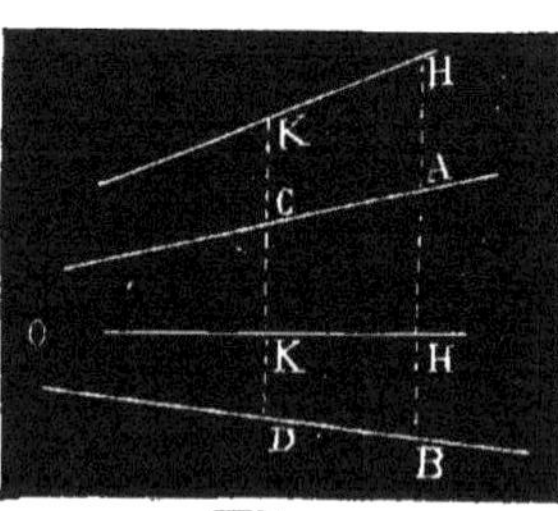

DÉMONSTRATION. En effet, la droite venant du sommet O au point K, prolongée jusqu'à la rencontre de AB, devra donner quatre triangles semblables, deux à deux, ODK et OBH; OCK et OAH; elle devra donc partager les deux lignes CD et AB en parties proportionnelles aux points K et H et par suite se confondre avec la droite KH.

LXXIV

Côtés des polygones réguliers inscrits dans un cercle donné.

Tous les polygones réguliers n'ont pas une construction géométrique exacte, et nous n'allons donner que celle des plus simples.

1° CARRÉ. On mène 2 rayons perpendiculaires, OB et OA, et AB qui joint leurs extrémités est le côté du carré.

2° HEXAGONE. On prend AC égal au rayon AO.

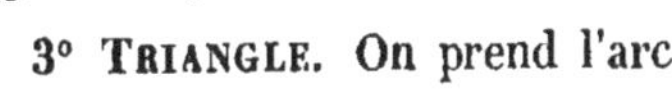

3° TRIANGLE. On prend l'arc ACD double de AC, et la corde AD est le côté du triangle.

Nous n'ajouterons pas les démonstrations de ces trois constructions; on les trouve dans toutes les géométries élémentaires.

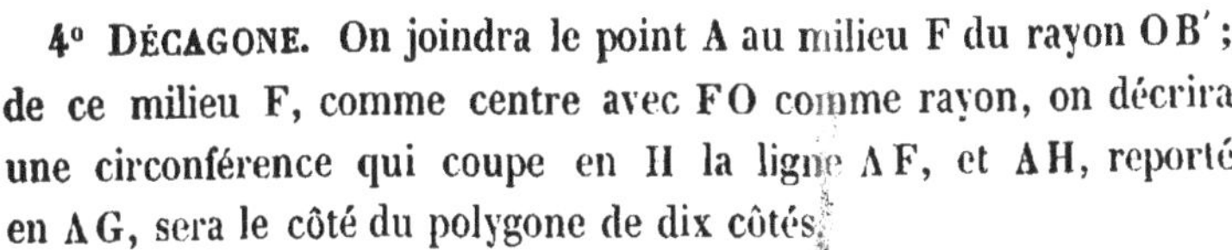

4° DÉCAGONE. On joindra le point A au milieu F du rayon OB'; de ce milieu F, comme centre avec FO comme rayon, on décrira une circonférence qui coupe en H la ligne AF, et AH, reporté en AG, sera le côté du polygone de dix côtés.

DÉMONSTRATION. On trouvera établi dans les géométries qu'en désignant par R le rayon du cercle et par x le côté du décagone, ce côté doit fournir la relation $\frac{R}{x}=\frac{x}{R-x}$. Or, la tangente AO au cercle F étant moyenne proportionnelle entre la sécante entière AK et sa partie extérieure AH, nous aurons $\frac{AK}{AO}=\frac{AO}{AH}$, ou en désignant AH par x, AO par R et AK par AH + HK ou AH + AO ou $x+R$; $\frac{x+R}{R}=\frac{R}{x}$, ou, en retranchant les dénominateurs des numérateurs, $\frac{x}{R}=\frac{R-x}{x}$ et renversant les fractions, $\frac{R}{x}=\frac{x}{R-x}$; AH est donc bien la quantité représentée par x.

5° PENTAGONE. Prenant l'arc AGL, double de AG, la corde AL sera le côté du pentagone.

6° POLYGONE DE QUINZE COTÉS. Portant le rayon AO ou le côté AC de l'hexagone en AM, la corde MG sera le côté du polygone régulier de quinze côtés.

DÉMONSTRATION. Ce sera évident si nous faisons voir que cette corde MG correspond à un arc de $\frac{360°}{15} = 24°$; or, l'arc AC = AM vaut $\frac{360°}{6} = 60°$, et l'arc AG = $\frac{360°}{10} = 36°$; donc l'arc MG vaut $60° - 36° = 24°$.

LXXV

Avec cinq carrés égaux, en faire un seul.

Vous présenterez à une personne cinq petits carrés de papier comme celui de la fig. 1, lui demandant de les arranger en un seul carré.

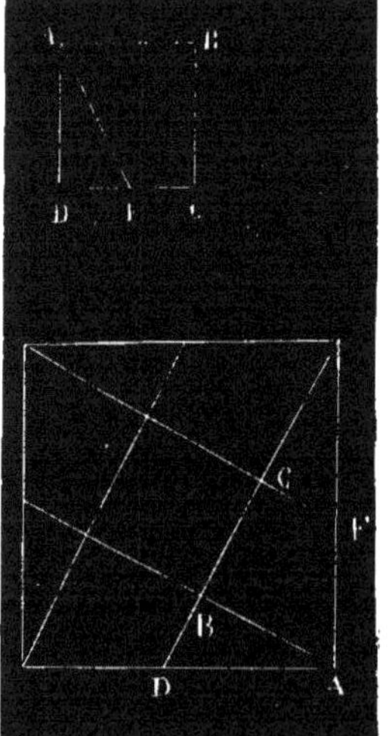

RÈGLE. Vous en couperez quatre suivant une ligne qui ira d'un sommet A au milieu d'un côté opposé, comme AF; vous disposerez sur les quatre côtés du carré resté entier les petits trapèzes FCBA, de la manière indiquée par la fig. 2, et le carré se terminera en plaçant dans les angles que présentera alors la figure, les triangles tels que DAF en DAB.

DÉMONSTRATION. La figure sera bien un carré, puisque les côtés se composeront tous du double du côté AF, et seront ainsi égaux; et puisque les angles tels que FAD vaudront FAB plus DAB ou DAF de la fig. 1, qui fait avec FAB un angle droit.

LXXVI

Le Cuisinier adroit.

Un cuisinier achète pour 1 franc une botte d'asperges entourée d'une ficelle; le lendemain, il prend une ficelle double de la première, et veut avoir pour 2 fr. une botte qu'entoure sa ficelle. Est-ce juste?

Réponse. Il doit la payer 4 fr.

Démonstration. La géométrie enseigne, en effet, que les circonférences sont entre elles comme les rayons; ainsi, prenant une circonférence double, elle a un rayon double de celui de la première circonférence; mais on y voit aussi que les surfaces des cercles sont entre elles comme les carrés des rayons, c'est-à-dire qu'ayant une circonférence double, et par suite un rayon double, on a un cercle quadruple en surface, dans lequel on peut placer quatre fois autant d'asperges, et devant, par conséquent, être payé 4 fr.

LXXVII

Le malin emprunteur.

Un paysan emprunte à son voisin 1 sac de grain de 4 pieds de haut et de 6 pieds de tour, et veut rendre, quelque temps après, 2 sacs de 4 pieds de haut et 3 pieds de tour. A-t-il raison?

Réponse. Il ne rend que la moitié de ce qu'il a emprunté.

Démonstration. S'il ne rendait qu'un des sacs de 4 pieds de haut et de 3 pieds de tour, on verrait, comme dans le problème précédent, que la base de ce sac est le quart de la base du sac emprunté, et la hauteur étant la même, il est clair qu'il ne rendrait que le quart de ce qu'il a emprunté; ses 2 sacs ne font donc que la moitié de ce qu'il doit rendre.

LXXVIII

Des trois problèmes fameux des anciens : Quadrature du cercle, — duplication du cube, — trisection de l'angle.

Trouver un carré équivalent en surface à un cercle donné, faire un cube dont le volume soit double de celui d'un autre cube, diviser un angle ou son arc en trois parties égales, sans autre secours que celui d'une règle et d'un compas, voilà trois problèmes qui ont eu dans la science un retentissement bien fameux.

QUADRATURE DU CERCLE.

Le problème de la quadrature est indubitablement celui des trois qui remonte à la plus haute antiquité. Le premier homme qui a eu à tracer un enclos quelconque a dû se demander s'il le ferait rond ou carré, s'il lui faudrait plus de matériaux, s'il aurait une plus grande surface entourée dans un cas que dans l'autre. Ce que devint ce problème jusqu'à Hippocrate de Chio, il est difficile de le dire ; seulement, comme toutes les recherches n'avaient rien produit, on était porté à croire qu'un espace limité par des lignes droites ne pouvait être équivalent à une surface terminée par des lignes courbes. Tout à coup Hippocrate trouva le triangle rectangle, équivalent à une portion du cercle. (*Voir le problème des lunules d'Hippocrate.*)

On se remit à l'œuvre avec ardeur ; on crut que la quadrature allait sortir de là ; puis le zèle se ralentit et le problème vint jusqu'à nous, après avoir été résolu cependant avec des approximations presque infinies, car Archimède, et Adrien Métius après lui, donnèrent des moyens de rectifier la circonférence et de trouver la surface du cercle en ne commettant que des erreurs tout à fait inappréciables.

Concluons donc déjà que l'exacte quadrature du cercle serait d'une complète inutilité pratique, car si vous voulez avoir la circonférence de la terre à l'équateur, en supposant que le diamètre soit, sans erreur, de 12754863 m., vous n'aurez qu'à le multiplier par :

3, 141592 653589 793238
462643 383279 502884
197169 399375 105820
974944 592307 816406
286208 998628 034825
342117 067982 148086
513282 306647 093844
609550 582 + etc.

C'est ce nombre qu'on représente par la lettre grecque π (pi), et dont nous donnons les 135 premières décimales exactes.

En prenant 9 décimales seulement dans ce nombre, et faisant la multiplication par la méthode abrégée, vous serez sûr de ne pas vous tromper de 1 m. ; avec 10 décimales, de 0 m., 1, etc. Et en multipliant la circonférence ainsi obtenue par le quart du diamètre ou 3188715,75, vous aurez la surface de l'équateur avec d'autant plus d'exactitude, que la circonférence elle-même sera plus exacte.

Si sur une pareille circonférence on peut réduire l'erreur à 1 millimètre, que sera-ce lorsqu'on n'aura qu'un rayon de quelques centimètres? Un pareil résultat équivaut certainement à l'exactitude.

Euclide (celui qui disait à Ptolémée Philadelphe, lorsque celui-ci venait lui demander de l'instruire plus vite que les autres : « Il n'y a point, en géométrie, de chemin particulier pour les rois, ») nous a laissé des éléments de géométrie dans lesquels il fait voir qu'on aurait exactement le côté du carré équivalent à un cercle, si on trouvait une moyenne proportionnelle entre la longueur de la circonférence et la moitié de la longueur du rayon. Or, la circonférence dépend du diamètre; s'il suffisait, pour l'obtenir, de multiplier ce diamètre par une quantité contenant des racines carrées, la règle et le compas pourraient le faire; mais l'impossibilité commencerait dès qu'il faudrait multiplier par des racines cubiques, par celle de 7, par exemple, et voyez par quoi il faut le multiplier (observez que le signe ∞ veut dire l'infini, c'est-à-dire plus que tout ce que vous pourrez imaginer) ; c'est par :

$$2 \times \frac{\infty}{\sqrt{-1}} \left\{ \left(1+\sqrt{-1}\right)^{\frac{1}{\infty}} - \left(1-\sqrt{-1}\right)^{\frac{1}{\infty}} \right\}$$

Voilà une des expressions complètes du nombre incommensurable qu'on désigne par la lettre π.

Il n'est pas plus étonnant qu'une circonférence ne puisse être convertie en une ligne droite qui lui soit parfaitement égale en longueur, que de voir qu'on ne peut exprimer exactement en nombre la racine carrée de 2, celle de 3, etc. On peut cependant, direz-vous, ajouter à une ligne une partie aussi courte qu'on voudra, pour la rendre égale à une autre ligne; mais il en est de même pour les nombres; quand vous aurez cherché la racine de 2 jusqu'aux millionièmes, vous pourrez encore aller mille fois plus loin, et encore, et toujours, et vous ne trouverez pas.

Certainement la racine carrée de 2 existe, mais elle ne peut s'exprimer en nombre; certainement la longueur d'une circonférence existe, mais elle ne peut *s'exprimer* en ligne droite.

Reconnaissons maintenant que l'Académie des sciences a eu raison quand elle a décidé qu'à l'avenir les prétendues découvertes de la quadrature du cercle ne seraient plus même lues, et concluons que nous avons parfaitement le droit de rire de ceux qui s'occupent de ce trop fameux problème, quand, il y a plus de deux mille ans, un poëte grec, Aristophane, ayant à mettre en scène un fou, faisait donner des coups de bâton à un personnage qui, sur le théâtre, offrait de carrer le cercle.

La valeur de π, qu'a trouvée Adrien Métius, et qui est juste à un demi-millionième près, est très-facile à retenir. On n'a qu'à écrire deux fois de suite chacun des trois premiers chiffres impairs 113 355, les séparer en deux nombres de trois chiffres chacun, le nombre π est donné par la fraction $\frac{355}{113}$, dont le numérateur est formé par les trois derniers chiffres et le dénominateur par les trois premiers chiffres de la suite 113355.

Celle qu'a trouvée Archimède est plus simple encore, mais moins exacte; c'est $\frac{22}{7}$ ou $3\frac{1}{7}$; elle apprend que toute circonférence est environ 3 fois $\frac{1}{7}$ plus grande que son diamètre.

LXXIX

Duplication du cube.

Ce problème a dû être posé après celui de la quadrature, mais probablement peu de temps après, car si son utilité est moins grande, l'idée n'en est pas bien difficile à concevoir. En tout cas, il est plus ancien que Platon, puisque Hippocrate de Chio s'en est occupé, n'en déplaise au mathématicien qui, pour en rendre l'importance plus grande, a imaginé cette fable : La peste ravageait l'Attique; Apollon, interrogé sur le moyen de faire cesser le fléau, fit répondre par ses prêtres : « Doublez l'autel. » (Il était en or massif et de forme cubique.) Et on s'adressa à Platon.

Hippocrate avait déjà trouvé tout ce qu'on pouvait savoir pour le moment; c'est que le côté du nouveau cube est la première de deux moyennes proportionnelles entre le côté du cube donné et son double, c'est-à-dire que si a est le côté du cube donné, et si on a les deux proportions suivantes :

$$\frac{a}{x} = \frac{x}{y} \text{ et } \frac{x}{y} = \frac{y}{2a},$$

la première donnant :

$$x^2 = ay \text{ ou } x^4 = a^2 y^2,$$

et la deuxième :

$$y^2 = 2ax;$$

remplaçant y^2 par cette valeur dans celle de x^4, on aura :

$$x^4 = 2a^3 x, \text{ ou } x^3 = 2a^3$$

en divisant par x. Il s'agissait de trouver la ligne x; mais c'est à quoi la règle et le compas se refusent. Platon inventa une solution mécanique avec trois règles, dont l'une glissait sur les deux autres, maintenues parallèles; mais elle ne satisfit pas le dieu, et la peste cessa quand elle voulut.

Apollon aurait été peut-être plus satisfait de la première idée de ceux qui entendirent sa réponse; ils voulaient doubler le côté de l'autel, mais ils en auraient rendu le volume huit fois plus grand. Plus tard, Ménechme en donna deux solutions par les intersections d'une parabole et d'une hyperbole équilatère ; mais ce n'est plus la règle et le compas. Pappus trouva encore une autre solution pratique que rendit théorique une courbe qu'on appelle la cissoïde de Dioclès, du nom de son inventeur. Enfin, dans ces derniers temps on a trouvé que l'intersection d'une parabole et d'un cercle donne aussi la solution.

Ces moyens pratiques ne sont d'aucune utilité, et les moyens théoriques n'en présentent guère plus, car si le côté de votre cube est 4 m., par exemple, son volume sera 64 m. c., et le volume du cube cherché, 128 m. c. Prenez la racine cubique de 128, et vous aurez le côté du cube double. Puisque vous pouvez ne pas vous tromper, si vous voulez, d'un millionième de mètre sur cette racine, que voulez-vous qu'une solution exacte vous donne de plus, sinon le plaisir de satisfaire la curiosité ?

La ligne cherchée x, dont la valeur est :

$$x^3 = 2a^3, \text{ ou } x = a\sqrt[3]{2},$$

devant se trouver en multipliant le côté a par la racine cubique de 2, si vous vous rappelez qu'on reconnaît en géométrie élémentaire l'impossibilité de multiplier une ligne par une quantité qui renferme des racines cubiques incommensurables, vous verrez qu'il y a pour s'opposer à la résolution de ce problème, une difficulté de même nature que celle qui s'oppose à la quadrature du cercle.

LXXX

Trisection de l'angle.

Ce problème doit être aussi ancien que la duplication du cube ; plus facile à essayer, on a dû plutôt l'abandonner comme impossible, après l'avoir tenté de toutes les manières qui présentaient quelque chance de succès. Cependant la raison de son impossibilité est plus difficile à concevoir ; elle n'est plus élémentaire ; elle est pourtant de même nature que les deux autres, et vient d'une quantité irrationnelle du troisième degré.

Dans l'antiquité, Dinostrate, avec une courbe appelée quadratrice, Nicomède, avec la conchoïde, ont divisé l'angle en trois parties égales, et quelques solutions mécaniques ont été inventées.

Les cas dans lesquels on a besoin de diviser un angle ou son arc en trois parties égales sont si peu nombreux, que le tâtonnement avec un bon compas suffit à tout. Si on avait souvent besoin d'une grande exactitude, on pourrait employer le moyen suivant, qui consiste, comme on va le voir, dans une solution, non pas avec la règle et le compas, mais avec une règle-compas, si on peut ainsi s'exprimer.

On se procurera un petit *té* en cuivre, ou on en découpera un en fort papier, en le traçant avec soin d'avance; on divisera la branche horizontale en parties égales et fort petites à droite et à gauche d'un zéro placé au milieu et correspondant à une petite encoche A de l'autre branche.

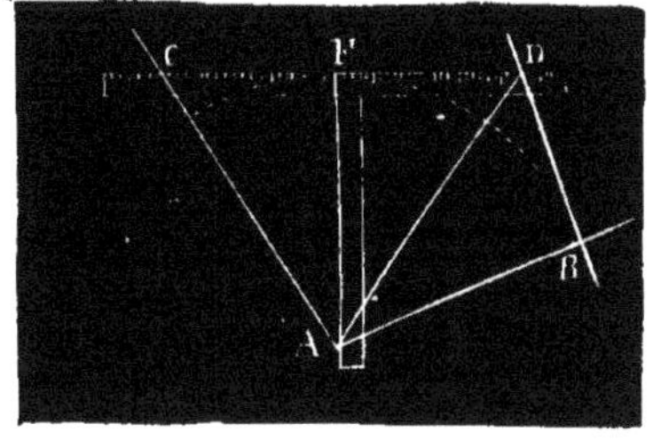

Si on place l'encoche au sommet de l'angle et le zéro sur le côté AB, on pourra tracer le long de la branche supérieure du *té* la perpendiculaire BD; si on amène, en conservant l'encoche au sommet, le zéro entre les lignes AC et BD, de manière qu'il y ait un nombre égal de divisions du zéro à ces deux lignes, le tiers de l'angle sera donné par le zéro au point F, et l'intersection D marquera les deux tiers du même angle à partir du côté AC.

En effet, le zéro de l'instrument peut être considéré comme ayant décrit l'arc de cercle BF, dont le centre est en A, et auquel sont tangentes les lignes DF et DB comme perpendiculaires sur les rayons AF, AB. Les trois triangles rectangles FAD, DAB, CAF ont donc les côtés de l'angle droit égaux dans chacun d'eux, AF = AB comme rayons, FD = FC par construction, et DF = DB comme tangentes issues du même point à la même circonférence; par conséquent les trois angles FAD, DAB et CAF sont égaux.

Ces problèmes sont célèbres, mais ne doivent pas à eux-mêmes toute leur célébrité. Dans l'origine de la science, lorsque les beaux génies d'Archimède, d'Hippocrate, de Ménechme, d'Euclide, sont venus se heurter contre leur impossibilité, il a jailli sous le choc bien des étincelles précieuses, germes des grandes découvertes de l'analyse géométrique, du calcul des infiniment petits, etc. C'est à ces découvertes, venues en partie à leur occasion, que ces problèmes doivent le renom dont ils ont joui.

S'occuper aujourd'hui de la quadrature du cercle, de la duplication du cube et de la trisection des angles par la règle et le compas, c'est, comme l'a dit l'immortel Arago, prouver qu'on est complétement ignorant en géométrie.

LXXXI

Trouver, avec des jalons et une chaîne, la largeur d'un étang.

On peut trouver la largeur d'un étang, ou en général la distance de deux points séparés par un obstacle infranchissable, si le terrain environnant est uni, de la manière suivante :

RÈGLE. On prendra sur le terrain un point O, dont on puisse mesurer la distance aux deux extrémités B et D de la ligne dont on veut avoir la longueur. Si quelque obstacle empêchait, on pourrait considérer la ligne comme se terminant en deux points accessibles, A et C de son prolongement. On tracera ensuite avec des jalons la ligne COC′ et la ligne AOA′, on prendra sur la première, à la chaîne, OC′ moitié ou tiers de OC; sur la seconde, OA′, même portion de OA, et en mesurant à la chaîne la ligne A′C′, elle sera moitié ou tiers de AC, suivant la réduction choisie pour OA′ et OC′. On retranchera DC et AB, qu'on peut mesurer directement, et on aura la longueur de BD.

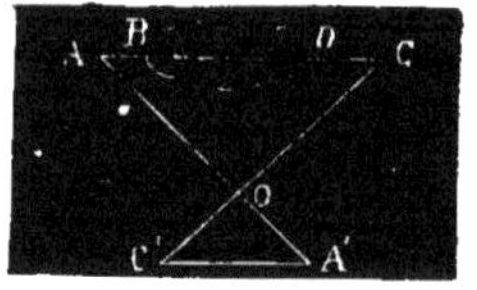

EXEMPLE. Supposons qu'on ait CO = 23^m,72, AO = 18^m,03, AB = 1^m,62, CD = 2^m,05; on prendra OC′ = 7^m,91, OA′ = 6^m,01, et si on trouve à la ligne A′C′ la longueur de 11^m,28, on en conclura pour AC la longueur $11^m,28 \times 3 = 33^m,84$, et pour BD, largeur de l'étang, la valeur :

$$33^m,84 - 1^m,62 - 2^m,05 = 30^m,17.$$

EXPLICATION. Le triangle OA′C′ est semblable à OAC, puisque les angles en O sont égaux comme opposés par le sommet, et que les deux côtés de ces angles OC′, OA′, sont avec les côtés OC et OA dans le rapport $\frac{1}{3}$; par conséquent, les derniers côtés A′C′ et AC doivent être aussi dans le rapport $\frac{1}{3}$.

LXXXII

Mesurer la largeur d'une rivière, ou, en général, la distance d'un point accessible à un point inaccessible, avec une chaîne et des jalons (le terrain est supposé uni).

RÈGLE. Soit la largeur BA de la rivière à mesurer. On prolonge la ligne AB avec des jalons d'une certaine quantité, BC, et par le point C on mène CC′ à peu près perpendiculaire à AC et on en prend le milieu O. On trace ensuite l'alignement BOB′ en prenant OB′ = OB, puis on trace la ligne C′B′, qu'on prolonge assez loin pour qu'elle soit au moins égale à CA. On peut alors tracer de l'alignement OA la portion qui va du point O à la rivière, et prolonger cette ligne de l'autre côté de O jusqu'à sa rencontre en A′ avec la ligne C′B′ prolongée. Alors A′B′ est égale à la ligne AB, largeur de la rivière.

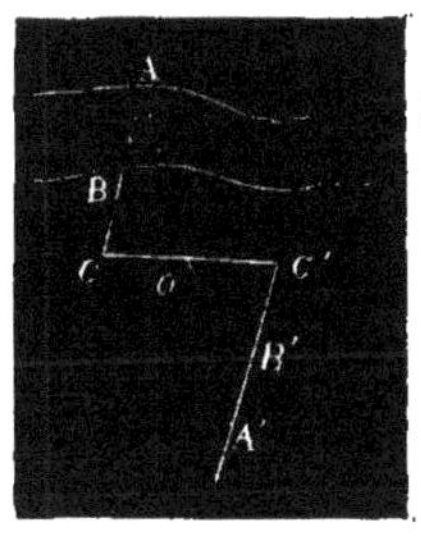

Si les constructions semblaient trop grandes, on pourrait prendre OC′, moitié ou tiers de OC; OB′, moitié ou tiers de OB, tracer les mêmes lignes que précédemment, et A′B′ vaudrait la moitié ou le tiers de AB.

EXPLICATION. Le triangle C′OB′ est égal au triangle COB, parce qu'ils ont un angle égal chacun en O, opposé par le sommet et compris entre deux côtés qu'on a construits égaux. Par conséquent l'angle C opposé au côté OB est égal à l'angle C′ opposé au côté OB′, et comme ces deux angles sont alternes-internes, les droites C′B′ et CB sont parallèles; par suite, dans les deux triangles BOA, B′OA′; le côté OB = OB′ par construction, les angles en O sont égaux comme opposés au sommet, et les angles ABO, A′B′O sont égaux comme alternes-internes. Ces deux triangles sont donc égaux, comme ayant un côté égal adjacent à deux angles égaux chacun à chacun; par suite, les côtés AB, A′B′ de ces deux derniers triangles seront égaux, puisqu'ils sont opposés aux angles en O, qui sont égaux.

LXXXIII

Tracer une perpendiculaire à l'extrémité d'une droite qu'on ne peut prolonger.

Soit la droite AB, à laquelle on veut élever une perpendiculaire au point B, sans prolonger la droite.

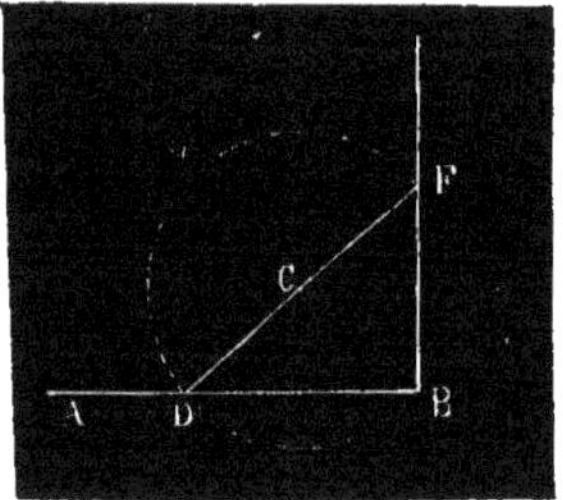

RÈGLE. On prendra un point quelconque C en dehors de la ligne et entre A et B; de ce point, comme centre avec le rayon CB, on décrira une circonférence qui coupera la droite AB en un second point D. On joindra alors DC et on prolongera jusqu'à la rencontre de la circonférence en F. Si on joint enfin BF, ce sera la perpendiculaire demandée.

EXPLICATION. En effet, DF passant par le centre, est un diamètre; par conséquent, l'angle DBF, qui est inscrit, a pour mesure la moitié de la demi-circonférence qui est comprise entre ses côtés, ou la moitié de 180 degrés; c'est donc un angle droit.

LXXXIV

Chemin d'un rayon de lumière, d'un rayon de chaleur, d'un corps élastique qui rencontre une ligne droite.

Un corps élastique, un rayon de lumière ou de chaleur, parti du point A, et venant frapper la ligne DE au point C, se relève en faisant avec la perpendiculaire CF un angle BCF égal à l'angle ACF qu'il avait fait en venant frapper la ligne. L'angle ACF est l'angle d'incidence; l'angle BCF est l'angle de réflexion. Pour trouver le point C, connaissant les points A et B, on abaisse du point A une perpendiculaire AD, qu'on prolonge d'une quantité DA′ = DA, et on joint BA′, qui coupe la ligne DE au point C. On voit, en effet, qu'ainsi le triangle ACA′ est isocèle, car AC et CA′ sont deux obliques s'écartant également du pied de la perpendiculaire. L'angle BCE = DCA′ comme opposés par le sommet, ou BCE = DCA; par conséquent ACF = BCF, puisqu'ils font un angle droit avec chacun des deux précédents.

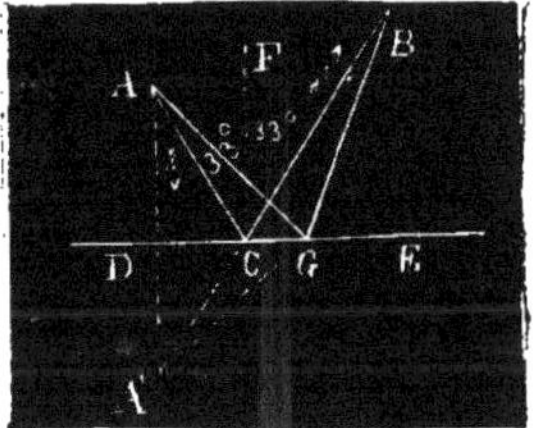

On peut démontrer que ce chemin ACB est plus court que tout autre chemin AGB qu'on pourrait prendre. En effet, le chemin ACB = BCA′, car CA = CA′; de même le chemin BGA = BGA′, et évidemment BCA′ est plus petit que BGA′; donc BCA est plus petit que BGA.

Ainsi, si DE est la bande d'un billard, et si, avec une bille B, on veut toucher la bande avant de frapper la bille A, on imaginera par la pensée la perpendiculaire DA′ = DA, et on visera du point B le point A′, comme s'il existait en dehors du billard.

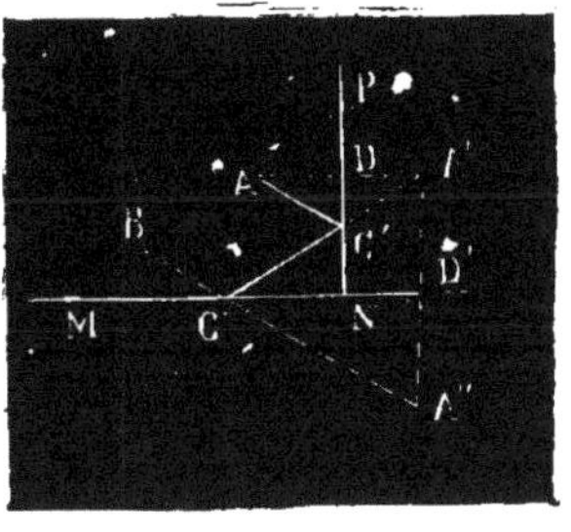

Si du point B on veut atteindre la bille A, après avoir touché les deux bandes MN et NP, on prolongera la perpendiculaire DA′ = DA, puis on mènera, du point A′ une autre perpendiculaire D′A″ = D′A′, sur la bande MN prolongée, et on visera le point A″; la bille, arrivée en C, se réfléchira vers A′, et, arrivée en C′, se relèvera en A.

Si le propriétaire de deux maisons voisines d'un canal voulait, avec une seule ouverture au canal, creuser deux ruisseaux allant à chaque maison, il aurait nécessairement à choisir le point du canal qui rendrait l'ouvrage total le moins long possible; ce serait le même problème.

LXXXV

Mesurer approximativement la largeur d'une rivière avec la visière d'une casquette.

Sur le bord de la rivière, et lui faisant face, on abaissera sa visière sur ses yeux jusqu'à ce qu'on aperçoive au bord de la visière la rive opposée; puis, tournant sur ses pieds comme sur un pivot, on tournera le dos à la rivière, sur un terrain uni, et on remarquera le point du sol qui correspond au bord de la visière; la distance à laquelle on sera de ce point sera la largeur de la rivière, car dans les deux positions on aura fait deux triangles rectangles qui sont égaux, comme ayant un côté égal, la hauteur de l'homme, et un angle aigu égal (à la visière de la casquette).

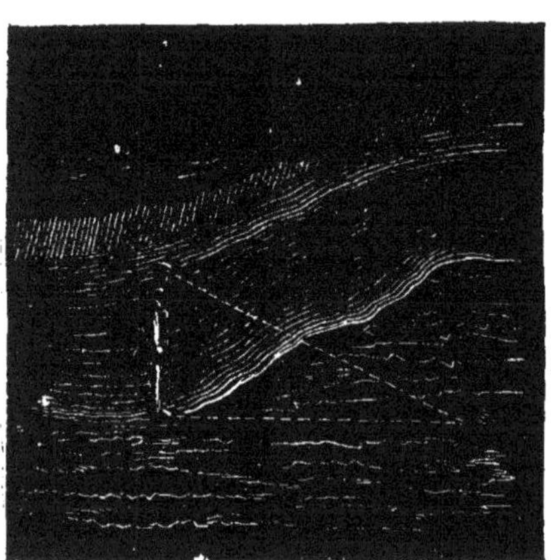

LXXXVI

Mesurer approximativement la hauteur d'un objet dont le pied est accessible.

On prendra une équerre isocèle, c'est-à-dire dont les deux angles aigus ont 45°, et, en la portant à la hauteur de l'œil, un côté de l'angle droit étant horizontal, on se placera plus ou moins loin de l'objet, jusqu'à ce que l'œil voie le long du bord horizontal le pied de l'objet, et le long de l'hypoténuse le sommet; la distance de l'œil à l'objet, augmentée de la hauteur de l'œil au-dessus du sol, donnera la hauteur de l'objet.

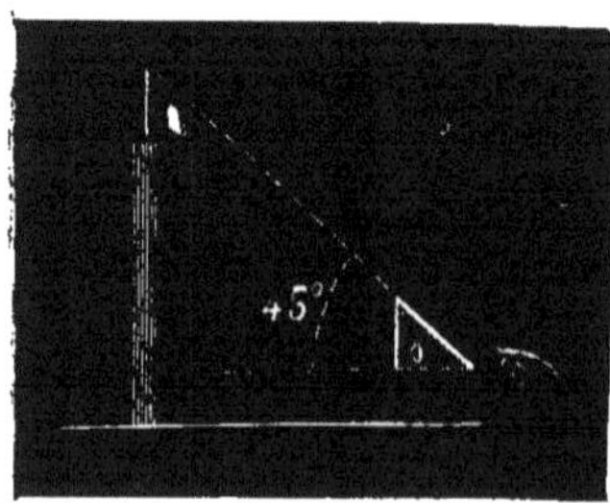

En effet, le triangle total sera semblable au triangle donné par l'équerre, c'est-à dire isocèle.

Remarque. En attachant au sommet d'un angle aigu de l'équerre un petit fil-à-plomb, on sera certain qu'un côté de l'angle droit est horizontal quand le fil-à-plomb se confondra bien avec l'autre côté.

LXXXVII

Construire une figure propre à diviser plusieurs lignes en un même nombre de parties égales.

Soient les deux lignes *a* et *b* à diviser en 5 parties égales. On prendra une ligne divisée d'avance en 5 parties égales, 5 centimètres, par exemple, et avec cette ligne comme côté, on construira

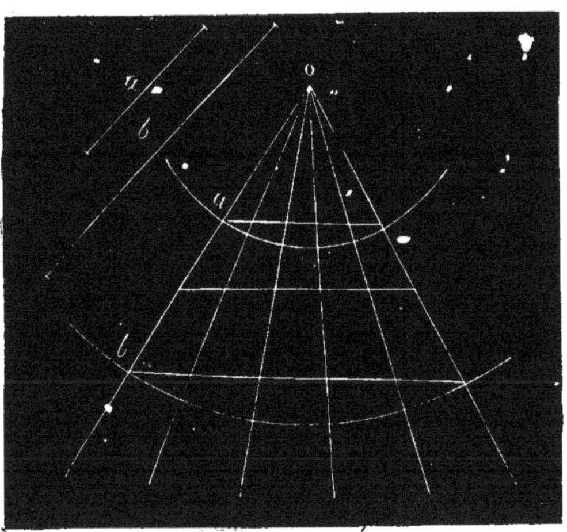

un triangle équilatéral; on joindra ensuite le sommet O aux points de division, et on prolongera ces lignes, ainsi que les côtés du triangle; puis du sommet comme centre, avec *a* et *b* pour rayons, on décrira deux arcs de cercle, coupant les deux côtés du triangle. En menant les cordes de ces arcs, on aura des lignes égales à *a* et à *b*, puisqu'elles seront les bases de triangles équilatéraux dont les côtés sont *a* et *b*, et elles seront divisées en cinq parties égales.

LXXXVIII

Trouver une ligne dont le carré soit égal à la somme ou à la différence des carrés d'autant de lignes qu'on voudra.

On veut avoir $x^2 = a^2 + b^2 + c^2 - d^2 + e^2$.

Sur les deux côtés d'un angle droit on porte les deux premières lignes a et b, puis on mène l'hypoténuse, égale à $\sqrt{a^2+b^2}$; sur

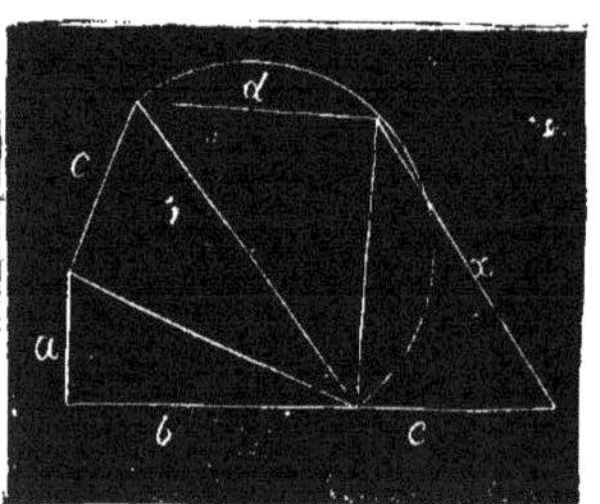

cette hypoténuse on élève une perpendiculaire égale à c, et on peut tracer une nouvelle hypoténuse égale à $\sqrt{a^2+b^2+c^2}$; sur la dernière hypoténuse comme diamètre on décrit une demi-circonférence; à une extrémité on porte une corde de valeur d, et l'autre corde sera égale à $\sqrt{a^2+b^2+c^2-a^2}$. Une perpendiculaire à cette nouvelle corde, de la longueur de e, donnera une hypoténuse $x = \sqrt{a^2+b^2+c^2-d^2+e^2}$.

LXXXIX

Faire une équerre avec une corde.

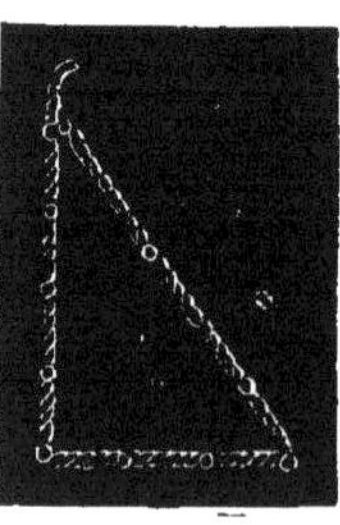

On fera à cette corde 12 nœuds équidistants, on joindra le 12e au 1er, puis on disposera le circuit en triangle, en donnant aux côtés pour longueur 3, 4 et 5 nœuds. Ce triangle sera rectangle, car le carré de l'hypothénuse est 5×5 ou 25, et il est égal à la somme des carrés des deux autres côtés, qui sont 3×3 ou 9, et 4×4 ou 16; 16 et 9 font 25.

XC

Mesurer la hauteur d'un objet par son ombre.

Les hauteurs (verticales) de deux objets et leurs ombres sur le même terrain uni, forment deux triangles semblables en supposant jointes les extrémités de chaque objet et de son ombre, car ces lignes iraient se rencontrer au soleil, à 38 millions de lieues, et par conséquent peuvent être considérées comme parallèles sans erreur appréciable.

On placera donc un bâton vertical de longueur connue, $1^m,33$, par exemple, dans le voisinage de l'objet, puis on mesurera son ombre, soit $1^m,75$, puis l'ombre de l'objet, soit $6^m,15$, et alors le rapport $\frac{175}{615}$ des ombres sera égal au rapport $\frac{1,33}{x}$ des hauteurs.

$$\frac{175}{615} = \frac{1,33}{x}; \quad \frac{35}{123} = \frac{1,33}{x}; \quad x = \frac{123 \times 1,33}{35} = 4^m,67.$$

XCI

Moyen du tonnelier pour trouver le rayon du cercle qu'il doit construire pour faire le fond de son tonneau.

C'est après avoir assemblé les douves de son tonneau et placé quelques cercles pour les maintenir, que le tonnelier s'occupe de construire les fonds, dont il ne connaît pas d'avance les rayons. A la vue de son cercle, il ouvre son compas à peu près de la grandeur du rayon, puis, à partir d'un point de la circonférence, il essaie de porter 6 fois cette ouverture de compas; il la raccourcit ou l'allonge, suivant que la 6e portée tombe avant ou après le point de départ, et lorsqu'il tombe juste, son compas lui donne le côté de l'hexagone et par conséquent le rayon du cercle.

Beaucoup de tonneliers croient que ce secret n'est connu que de leur corporation, et ne veulent pas comprendre qu'en prenant avec un mètre la moitié de la plus grande largeur de l'ouverture des douves, ils auront bien plus promptement leur rayon.

XCII

Moyen pratique pour inscrire un polygone régulier quelconque.

A partir d'un point quelconque A, on prend un arc AD, qui, pris 7 fois si on veut un polygone de 7 côtés, n'aille pas jusqu'au point A et s'arrête en B. Du même point A, et dans le sens contraire, pour ne pas confondre les divisions avec les premières, on prend un arc AF, qui, pris 7 fois, dépasse le point A et va jusqu'en C. Puis, sur une droite *af*, on prend $ad = AD$; $af = AF$; au point *d* on élève une perpendiculaire égale en longueur à la corde de l'arc AB; au point *f* et du côté opposé de la ligne, une autre perpendiculaire égale en longueur à la corde de l'arc AC. On joint les extrémités des deux perpendiculaires par une droite qui coupe *ac* au point *g*, et on prend *ag* pour le côté du polygone. Divisant ainsi la différence *df* entre les deux valeurs approchées AD et AF du côté du polygone régulier de 7 côtés, proportionnellement aux erreurs commises en prenant ces deux valeurs, on doit obtenir une longueur *ag* très-voisine de la véritable.

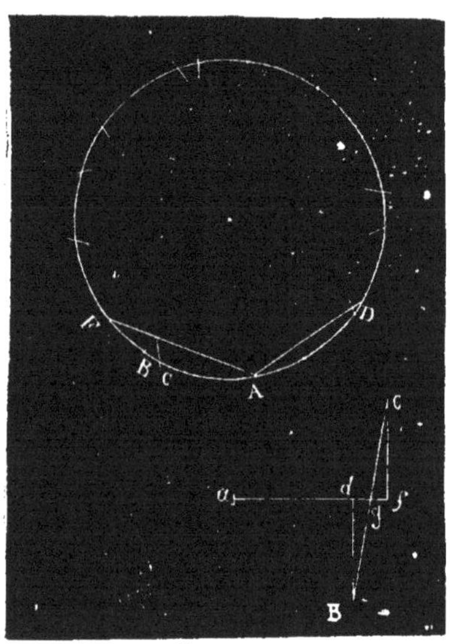

XCIII

Faire un carré double, triple, etc., d'un carré donné.

Soit le carré donné ABCD, supposons que nous voulons obtenir un carré qui en soit le triple.

Règle. On prolongera le côté AB du premier carré de deux fois sa longueur, de façon que AF ainsi obtenu, vaudra trois fois le côté AB; sur la ligne AF comme diamètre, on décrira une demi-circonférence, et au point B on élèvera une perpendiculaire au diamètre jusqu'à la rencontre de la circonférence en G. En joignant AG, on n'aura qu'à construire sur cette dernière ligne le carré AGHK, qui vaudra le triple de ABCD.

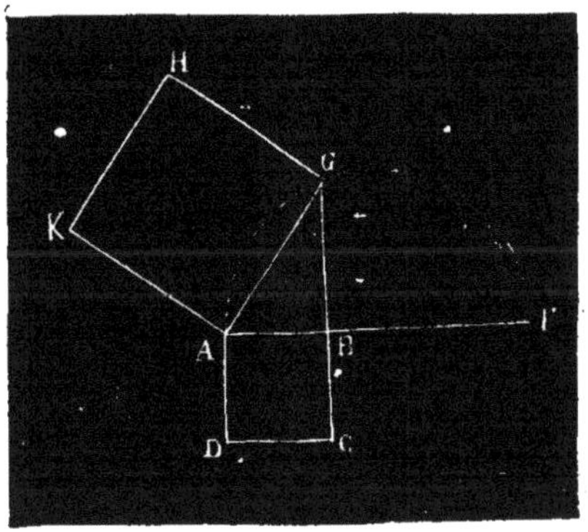

Explication. On sait, en effet, qu'une corde est moyenne proportionnelle entre le diamètre qui passe par une de ses extrémités et sa projection sur ce diamètre, c'est-à-dire qu'on a la proportion

$$\frac{AF}{AG} = \frac{AG}{AB}, \text{ ou } \frac{3AB}{AG} = \frac{AG}{AB},$$

égalant le produit des moyens à celui des extrêmes, on a

$$\overline{AG}^2 = 3\overline{AB}^2,$$

ce qu'il s'agissait de trouver.

Il ne serait pas plus difficile de trouver un carré valant 5 fois ou 7 fois un autre carré.

XCIV

Faire un carré équivalent à une fraction d'un carré donné.

Soit a le côté du carré donné, et x celui du carré que nous cherchons; supposons qu'il s'agisse d'avoir le carré de surface x^2 égale aux deux tiers de celle du carré a^2.

Règle. Sur le côté AB ou a du carré donné, on décrit une demi-circonférence et on divise le diamètre AB en trois parties égales. Par le deuxième point de division on élève la perpendiculaire CD, et en joignant AD on a la ligne x demandée, c'est-à-dire que le carré ADFG vaut les deux tiers du premier carré ABHK.

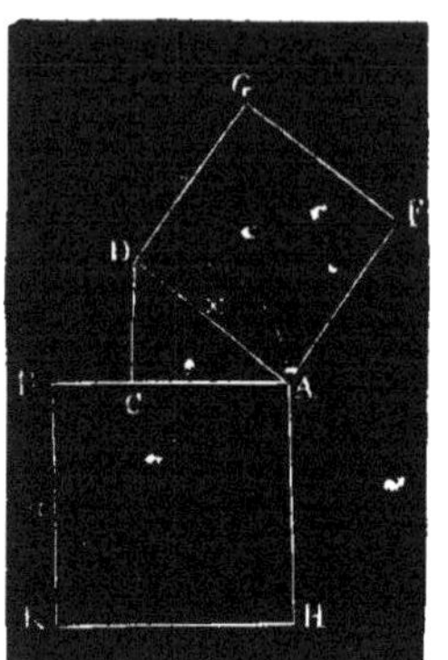

On voit sans peine que d'une manière analogue on construirait un carré valant les $\frac{5}{7}$ ou les $\frac{3}{8}$ du carré a^2.

Explication. La même raison qu'au problème précédent donne la proportion

$$\frac{AB}{AD} = \frac{AD}{AC} \text{ ou } \frac{a}{x} = \frac{x}{\frac{2}{3}},$$

et faisant le produit des moyens égal à celui des extrêmes,

$$x^2 = \frac{2}{3} a^2,$$

ce qu'on se proposait bien d'obtenir.

XCV

Les lunules d'Hippocrate.

On en était arrivé à croire qu'un espace limité par des lignes courbes ne pouvait pas être rigoureusement équivalent à une surface limitée par des lignes droites, quand Hippocrate de Chio découvrit ce fait : Si sur l'hypoténuse d'un triangle rectangle CB comme diamètre on décrit une demi-circonférence qui passe nécessairement par le sommet A, puis si on décrit sur les deux côtés AB et AC, aussi comme

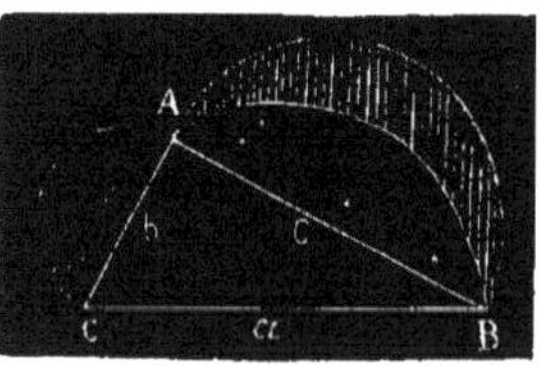

diamètres, deux autres demi-circonférences, les espaces ombrés compris entre ces demi-circonférences, de forme de croissants, ont à eux deux la même surface que le triangle rectangle ABC lui-même.

Démonstration. Appelons a, b, c les trois côtés du triangle rectangle; la surface totale se composera :

1° De celle du triangle.................... $\frac{bc}{2}$

2° De la demi-circonférence de diamètre b... $\frac{\pi b^2}{8}$

3° De la demi-circonférence de diamètre c... $\frac{\pi c^2}{8}$

Total.......... $\frac{bc}{2} + \frac{\pi}{8}(b^2 + c^2)$

Si nous en retranchons la demi-circonférence de diamètre a, il restera les deux lunules, nous aurons donc pour ces deux lunules :

$$\frac{bc}{2} + \frac{\pi}{8}(b^2 + c^2) - \frac{\pi a^2}{8} = \frac{bc}{2} + \frac{\pi}{8}(b^2 + c^2 - a^2);$$

mais puisque le triangle est rectangle, $a^2 = b^2 + c^2$, ce qui annule $\frac{\pi}{8}(b^2 + c^2 - a^2)$, et la surface des lunules se réduit à $\frac{bc}{2}$, c'est-à-dire à la surface du triangle.

Remarque. On a trouvé d'autres portions de cercle que celles-là, dont on a pu avoir exactement la surface, mais elles n'étaient jamais contenues un nombre exact de fois dans la surface du cercle entier, car alors on aurait trouvé la quadrature du cercle.

XCVI

Mesurer la surface de la margelle d'un puits.

RÈGLE. On mènera une tangente à la circonférence intérieure, telle que A C, terminée en A et en C à la circonférence extérieure; si on construit sur A C comme diamètre une circonférence, on aura pour la surface de cette circonférence la même mesure que pour la margelle.

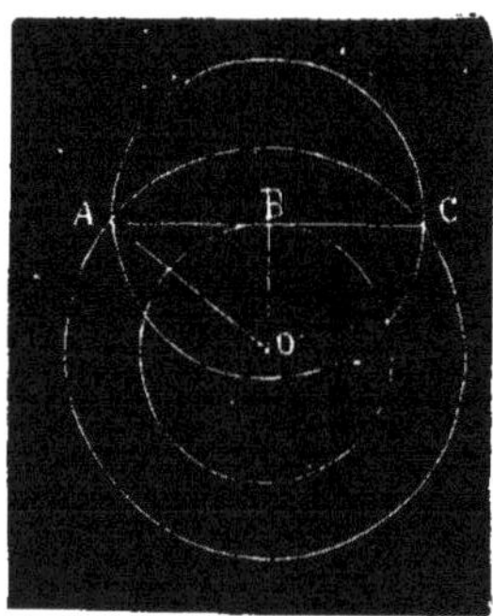

EXEMPLE. Supposons que A C vaut $1^m,60$, A B vaudra 80 centim., et la surface du cercle de rayon A B ou de la margelle du puits, vaudra :

$$\pi \times \overline{AB}^2 = 3,1415926... \times 6400 = 20106 \text{ cent. car.}, 19.$$

2 m. car., 1 décim. car., 6 cent. car., 19 millim. car.

EXPLICATION. La surface de la margelle est certainement celle du cercle total ou $\pi \times \overline{OA}^2$, moins celle du cercle intérieur ou $\pi \times \overline{OB}^2$, ce qui revient à $\pi \times (\overline{OA}^2 - \overline{OB}^2)$; mais la tangente A C étant toujours perpendiculaire à l'extrémité du rayon O B, le triangle O A B est un triangle rectangle qui donne :

$$\overline{OA}^2 = \overline{OB}^2 + \overline{AB}^2, \text{ ou } \overline{AB}^2 = \overline{OA}^2 - \overline{OB}^2;$$

on peut donc remplacer l'expression

$$\pi \times (\overline{OA}^2 - \overline{OB}^2) \text{ par } \pi \times \overline{AB}^2,$$

ce qu'il s'agissait de faire voir.

XCVII

Faire un cercle double, triple, etc., d'un cercle donné.

RÈGLE. On mènera un diamètre A K du cercle, puis par ses deux extrémités et par le centre O, on mènera trois perpendiculaires à ce diamètre; la tangente BC au premier cercle, terminée en B à la perpendiculaire, donnera le rayon BO du cercle double; la tangente à ce deuxième cercle, terminée en D à la perpendiculaire, donnera le rayon DO du cercle triple, et ainsi de suite.

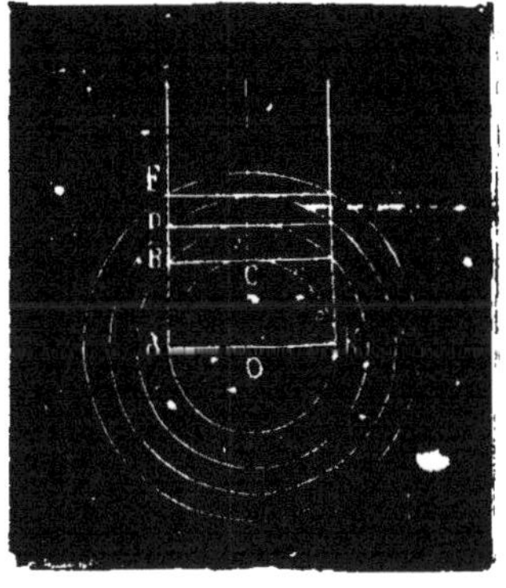

EXPLICATION. Comme on l'a vu par le problème de la margelle du puits, la surface de la couronne circulaire comprise entre la circonférence de rayon OA et la circonférence de rayon OB, est équivalente à celle d'un cercle de rayon BC ou de rayon OA, et par conséquent le cercle de rayon OB, se composant de cette couronne et du cercle de rayon OA, vaut le double de ce dernier cercle. La couronne suivante vaut toujours en surface un cercle de rayon OA; donc le cercle de rayon OD vaut le triple du cercle primitif, et ainsi de suite.

XCVIII

Diviser ou multiplier une ligne par la racine carrée d'un nombre.

1° Soit à diviser une ligne AB par $\sqrt{5}$.

RÈGLE. On décrira sur cette ligne comme diamètre une demi-circonférence, on prendra le cinquième du diamètre en AD; au point D on élèvera une perpendiculaire jusqu'à la rencontre de la circonférence en C, et en joignant AC, on aura :

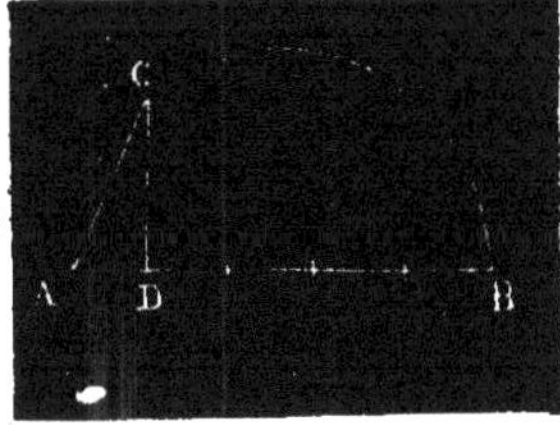

$$AC = \frac{AB}{\sqrt{5}}.$$

EXPLICATION. Nous savons, en effet, qu'on aura la proportion

$$\frac{AB}{AC} = \frac{AC}{\frac{1}{5}AB}, \text{ qui peut s'écrire : } \overline{AC}^2 = \tfrac{1}{5}\,\overline{AB}^2,$$

d'où on tire :

$$\overline{AC}^2 = \frac{\overline{AB}^2}{5};\ AC = \frac{AB}{\sqrt{5}}.$$

2° Soit à multiplier AB par $\sqrt{5}$.

Règle. On prolongera AB de quatre fois sa longueur, de façon qu'on ait $AF = 5AB$, puis on décrira sur AF, comme diamètre, une demi-circonférence ; on élèvera au point B une perpendiculaire au diamètre, jusqu'à la rencontre de la circonférence en C, et en joignant AC on aura :

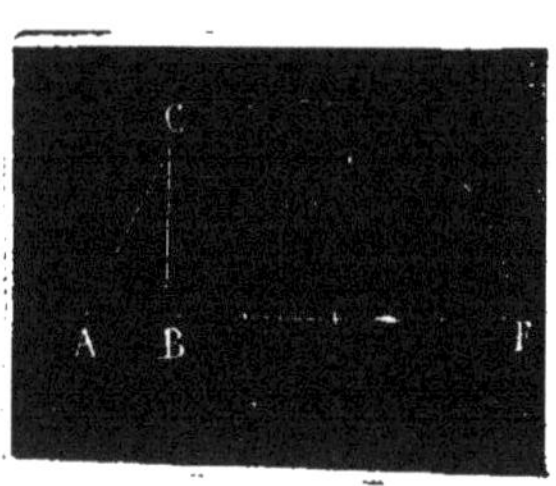

$$AC = AB \times \sqrt{5}.$$

Explication. De la proportion

$$\frac{AF}{AC} = \frac{AC}{AB}, \text{ on tire } \frac{5AB}{AC} = \frac{AC}{AB},$$

$$\overline{AC}^2 = 5 \times \overline{AB}^2,\ AC = AB \times \sqrt{5}.$$

XCIX

Diviser un cercle en autant de parties équivalentes qu'on voudra par des circonférences concentriques.

Soit le cercle de rayon OA qu'on veut partager en cinq parties équivalentes.

Règle. On partage le rayon OA en autant de parties égales qu'on en veut avoir dans le cercle, cinq par exemple, et sur ce rayon comme diamètre, on décrit une demi-circonférence. Par la première division B, à partir du centre, on élève sur le rayon une perpendiculaire BC, terminée à la demi-circonférence décrite ; on joint OC, et le cercle de rayon OC vaut le cinquième du cercle total. Par le centre O et les extrémités P et Q d'un diamètre du petit cercle ainsi

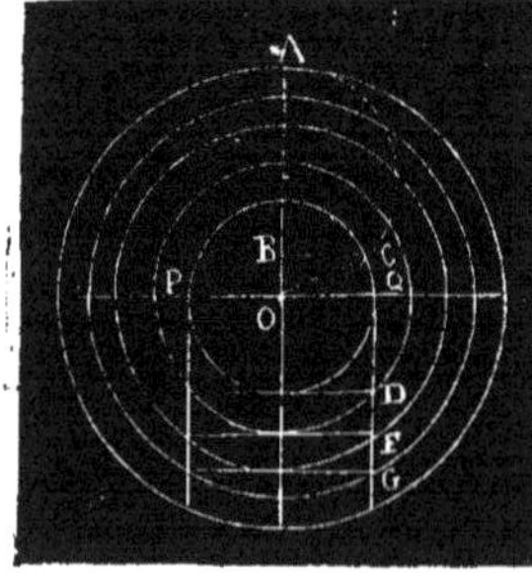

construit, on élève des perpendiculaires à ce diamètre, et la tangente du petit cercle terminée en D, donne le rayon du cercle double du petit cercle, c'est-à-dire tel que la première couronne vaut le cinquième du cercle total, et ainsi de suite.

EXPLICATION. Le cercle OC devant être le cinquième du cercle OA, on devra avoir sa surface :

$$\pi \times \overline{OC}^2 = \tfrac{1}{5}\pi \times \overline{OA}^2, \text{ ou } \overline{OC}^2 = \frac{\overline{OA}^2}{5}; \text{ ou } OC = \frac{OA}{\sqrt{5}}.$$

Or, la construction faite nous donne bien, comme on le voit par les problèmes précédents :

$$OC = \frac{OA}{\sqrt{5}}.$$

Le reste comme au problème n° XCVII.

C

Autre manière de partager la surface d'un cercle en un certain nombre de parties égales.

Soit le cercle du diamètre AB à partager en cinq parties égales.

RÈGLE. On partagera le diamètre du cercle en autant de parties égales qu'on en veut dans le cercle, cinq dans cet exemple, et d'un côté du diamètre, sur la première division AP, puis sur la somme des deux premières AR, sur la somme des trois premières AS, etc. ; comme diamètres, on décrira des demi-circonférences. Ensuite, de l'autre côté du diamètre, sur la dernière division TB, sur la somme des deux dernières SB, etc., on décrit aussi des demi-circonférences; on obtient ainsi cinq figures terminées par des contours curvilignes, ALPMBN, ALMBKI, AIKBHG, AGHBED, ADEBC, qui vaudront chacune le cin-

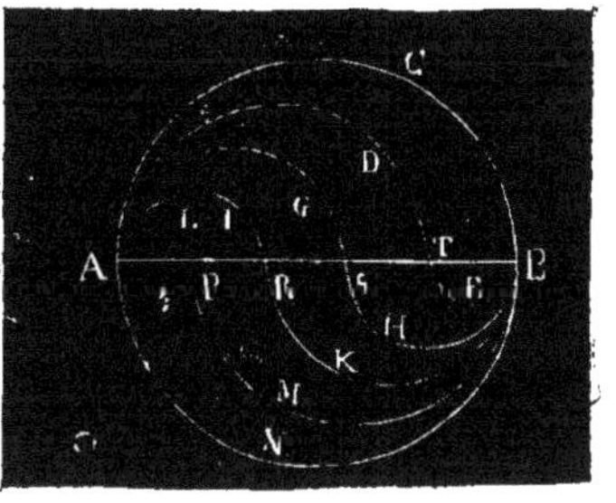

quième du cercle, et de plus, les contours curvilignes eux-mêmes auront la même longueur que la circonférence entière.

EXPLICATION. Le cercle entier, de diamètre AB, a pour surface :

$$\pi \times \frac{\overline{AB}^2}{4}.$$

La première surface se compose : 1° du demi-cercle ALP, dont le diamètre est $\frac{AB}{5}$, et dont la surface vaut

$$\tfrac{1}{2}\pi \times \frac{\left(\frac{AB}{5}\right)^2}{4} = \pi \times \frac{\overline{AB}^2}{200}.$$

Elle se compose : 2° de la portion ANBMP, différence entre le demi-cercle ANB, valant :

$$\tfrac{1}{2}\pi \times \frac{\overline{AB}^2}{4} = \pi \times \frac{\overline{AB}^2}{8}.$$

Et le demi-cercle PMB, de rayon $\frac{4AB}{5}$, valant :

$$\tfrac{1}{2}\pi \times \frac{\left(\frac{4AB}{5}\right)^2}{4} = \pi \times \frac{16\overline{AB}^2}{200},$$

qu'il faut en retrancher, cette deuxième portion vaut donc :

$$\pi \times \frac{\overline{AB}^2}{8} - \pi \times \frac{16\overline{AB}^2}{200} = \pi \times \frac{9\overline{AB}^2}{200}.$$

La première surface en question vaut, par conséquent :

$$\pi \times \frac{\overline{AB}^2}{200} + \pi \times \frac{9\overline{AB}^2}{200} = \pi \times \frac{10\overline{AB}^2}{200} = \pi \times \frac{\overline{AB}^2}{20},$$

et se trouve bien être le cinquième du cercle total, dont la surface est :

$$\pi \times \frac{\overline{AB}^2}{4}.$$

On trouvera ensuite que la somme des deux premières surfaces

AIKBNA se compose du demi-cercle **AIR**, de diamètre $\frac{2AB}{5}$ et de surface

$$\frac{1}{2}\pi \times \frac{\left(\frac{2AB}{5}\right)^2}{4} = \pi \times \frac{4\overline{AB}^2}{200},$$

et de la surface **ARKBN**, différence entre le demi-cercle total et le demi-cercle **RKB**, de rayon $\frac{3AB}{5}$, ce qui donne pour cette surface :

$$\pi \times \frac{\overline{AB}^2}{8} - \frac{1}{2}\pi \times \frac{\left(\frac{3AB}{5}\right)^2}{4} = \pi \times \frac{25\overline{AB}^2}{200} - \pi \times \frac{9\overline{AB}^2}{200} = \pi \times \frac{16\overline{AB}^2}{200}.$$

La somme des deux premières surfaces est donc

$$\pi \times \frac{20\overline{AB}^2}{200} = \pi \times \frac{\overline{AB}^2}{10},$$

c'est-à-dire le double de la première surface, qui valait :

$$\pi \times \frac{\overline{AB}^2}{20}.$$

La différence entre les deux surfaces, ou **ALMBKI**, vaut donc autant que la première ou le cinquième du cercle total.

La démonstration serait la même pour les autres parties.

Remarque I. On peut remarquer, de plus, que les contours de chacune de ces parties sont égaux à la circonférence totale, qui a pour mesure

$$\pi \times AB.$$

Ainsi, le premier contour se compose de :

1° $ANB = \pi \times \frac{AB}{2}$; 2° $ALP = \pi \times \frac{AB}{10}$; 3° $PMB = \pi \times \frac{4AB}{10}$.

$$\text{Total...}\quad \pi \times \left(\frac{AB}{2} + \frac{5AB}{10}\right) = \pi \times \left(\frac{AB}{2} + \frac{AB}{2}\right) = \pi \times AB.$$

Et de même des autres.

Remarque II. Il est à observer que, quel que soit le point du diamètre qu'on prenne, la ligne courbe AMCDB, composée de deux demi-circonférences, aura la même longueur que la demi-circonférence ANB.

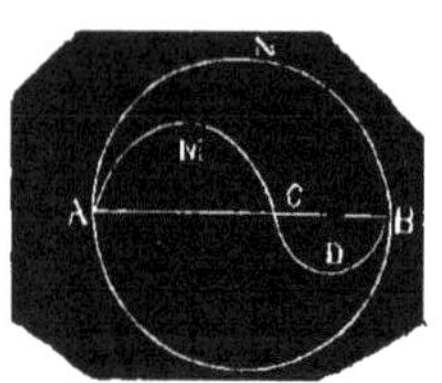

Le rapport de deux circonférences étant le même que le rapport de leurs diamètres, la fraction

$$\frac{AMC}{ANB} \text{ sera égale à } \frac{AC}{AB}, \text{ et la fraction}$$

$$\frac{CDB}{ANB} \text{ égale à } \frac{BC}{AB}, \text{ les sommes}$$

$$\frac{AMC + CDB}{ANB} \text{ et } \frac{AC + BC}{AB} \text{ seront donc égales,}$$

et elles peuvent s'écrire $\frac{AMCDB}{ANB} = \frac{AB}{AB} = 1$; le numérateur AMCDB est donc égal au dénominateur ANB.

CI

Trouver la hauteur d'un triangle dont le sommet est inaccessible.

Règle. On mesurera une parallèle FG à la base AD du triangle, la distance PR de cette parallèle à la base, et la base elle-même, puis on obtiendra la hauteur cherchée en multipliant la base AD par la distance PR et en divisant le produit par la différence AD — FG de la base avec la parallèle.

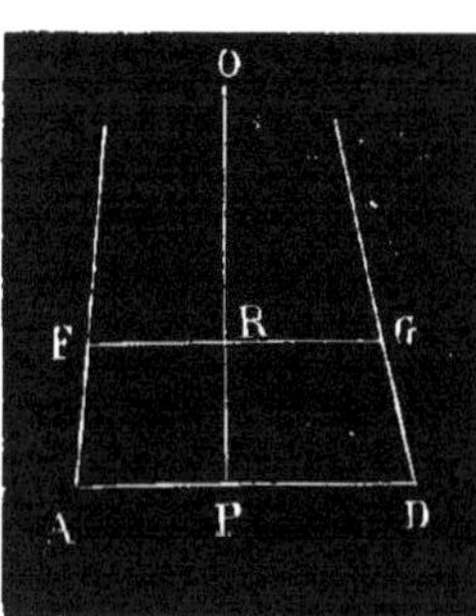

Exemple. Supposons que la base AD = 64 m., la parallèle FG = 48 m., la distance PR = 20 m., on aura AD — FG = 16 m., et la hauteur totale :

$$OP = \frac{64 \times 20}{16} = 4 \times 20 = 80 \text{ m.}$$

Explication. En appelant O le sommet inconnu du triangle

OAD, comme le triangle **OFG** lui est semblable, il y aura même rapport entre les deux bases et les deux hauteurs, c'est-à-dire qu'on aura :

$$\frac{OP}{OR} = \frac{AD}{FG}, \text{ ou } \frac{OP - OR}{OP} = \frac{AD - FG}{AD},$$

en retranchant dans chaque rapport le dénominateur du numérateur, ce qui ne détruit pas leur égalité. On peut donc écrire :

$$\frac{PR}{OP} = \frac{AD - FG}{AD}, \text{ d'où } OP = \frac{PR \times AD}{AD - FG}.$$

CII

Où faut-il mener une parallèle à la base d'un triangle pour comprendre, entre cette parallèle, la base et les deux côtés, un trapèze de surface donnée.

RÈGLE. On prendra la surface du triangle donné; puis on y ajoutera ou on en retranchera la surface qu'on veut donner au trapèze, suivant qu'on voudra ce trapèze en dehors ou en dedans du triangle; puis on trouvera la distance de la parallèle au sommet du triangle en écrivant que le rapport entre son carré et le carré de la hauteur du triangle est égal au rapport entre la surface définitive qu'on doit avoir, en tenant compte du trapèze, et la surface du triangle. De légères erreurs résulteront de l'imperfection des instruments.

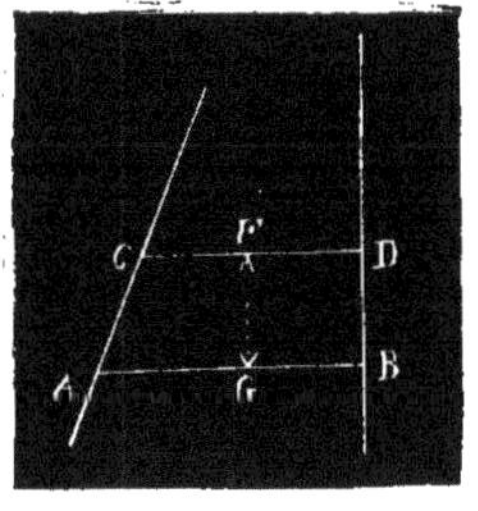

EXEMPLE. Supposons qu'on ait les deux lignes **AC** et **DB** indéfinies, rencontrées par la ligne **AB**, et qu'on veuille tracer une parallèle à **AB**, au-dessous ou au-dessus, de façon à ce que le trapèze déterminé par cette parallèle ait **1000** mètres carrés de surface.

On mesurera $AB = 60$ m., $CD = 51$ m., $FG = 18$ m., et on trouvera pour la hauteur du triangle, dont la base serait **AB** et le sommet au point de rencontre des lignes **AC** et **BD** :

$$\text{Hauteur} = \frac{60 \times 18}{60 - 51} = \frac{60 \times 18}{9} = 60 \times 2 = 120 \text{ m.}$$

Par suite, la surface du triangle sera :

$$\text{Surface} = \frac{60 \times 120}{2} = 60 \times 60 = 3600 \text{ m. car.}$$

Si donc on veut le trapèze au-dessous de A B, on aura

$$3600 + 1000 = 4600 \text{ m. car.}$$

pour la surface du triangle et du trapèze réunis.

On établira alors la proportion

$$\frac{x^2}{120^2} = \frac{4600}{3600} = \frac{23}{18}$$

$$x^2 = \frac{120^2 \times 23}{18};\ x = \frac{120}{3}\sqrt{\frac{23}{2}} = 40\sqrt{11,5}$$

$$x = 40 \times 3,3911 = 135^{m},64.$$

C'est donc à $135^{m},64$ du sommet, ou à

$$135^{m},64 - 120 = 15^{m},64$$

au-dessous de la ligne A B qu'il faudra mener la parallèle.

Si on avait voulu le trapèze au-dessus de A B, on aurait eu

$$3600 - 1000 = 2600 \text{ m. car.}$$

pour la surface du petit triangle supérieur au trapèze, d'où la proportion

$$\frac{x^2}{120^2} = \frac{2600}{3600} = \frac{13}{18};\ x = 40\sqrt{6,5}$$

$$x = 40 \times 2,5495 = 101,98.$$

Il faudra donc mener la parallèle à $101^{m},98$ du sommet, ou à

$$120 - 101,98 = 18^{m},02$$

au-dessus de la ligne A B.

Explication. On voit bien que cette solution consiste à établir la surface que doit avoir un triangle semblable au premier, et à écrire ensuite la proposition de géométrie bien connue : Les surfaces de deux triangles semblables sont entre elles comme les carrés des hauteurs.

CIII

Partager un polygone en parties équivalentes par des parallèles à une direction donnée.

On peut avoir besoin de partager entre plusieurs héritiers une propriété bordée d'un chemin, de façon à ce que, de ce chemin, chacun ait un accès facile dans la portion qui lui échoit. On s'y prendra de la manière suivante :

Soit une propriété ABCDFGH, bordée d'un chemin AB ; il s'agit de la partager en cinq parties équivalentes par des sillons perpendiculaires au chemin AB.

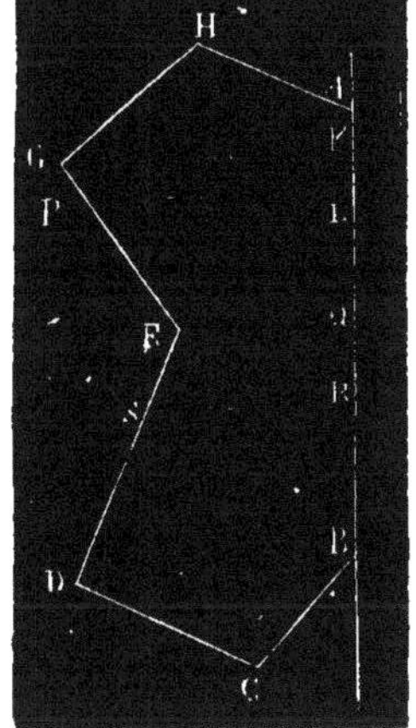

On mesurera d'abord la surface entière de la propriété, soit 12 hect. 63 ares 50 cent. ; chaque part devra donc être composée de

$$\frac{126350}{5} = 25270 \text{ m. car.}$$

On abaissera la perpendiculaire GK, et on mesurera la surface de la portion GKAH ; supposons que cette surface soit 24292 m. car., il faudra y ajouter

$$25270 - 24292 = 978 \text{ m. car.}$$

On cherchera donc la hauteur du triangle formé par les lignes GF, GK et AB, puis on déterminera à quelle distance de GK il faut lui mener une parallèle pour que le trapèze compris entre cette parallèle GK et les côtés GF et AB, ait une surface de 978 m. car., par les moyens indiqués dans les deux problèmes précédents. Soit KL cette distance; la surface LPGHA sera la première portion.

On abaissera ensuite du sommet F la perpendiculaire FQ, et si le trapèze FQLP, ainsi déterminé, n'a pas la surface voulue, on cherchera à quelle distance de la base FQ du triangle formé par les trois lignes FQ, DF et QA prolongées, il faut mener une parallèle RS pour compléter la surface qu'on veut donner à cette portion, et ainsi de suite.

CIV

Écho et résonnances.

Un bruit quelconque est produit dans l'air par des mouvements semblables à ceux que cause dans l'eau une pierre qu'on y lance. Ces mouvements, qui ne sont pas visibles dans l'air, sont accusés dans l'eau par une série de cercles concentriques qui se forment successivement à la surface autour du point où la pierre a frappé. Ces cercles ont des rayons de plus en plus grands, mais ils sont de moins en moins bien marqués et s'effacent rapidement.

Les mêmes cercles, ou plutôt les mêmes sphères, les mêmes ondulations d'air se produisent tout autour du corps qui, en vibrant, donne le son, et dès que cet air en mouvement rencontre un obstacle, comme un mur, un rocher, etc., il revient, en rebondissant comme un corps élastique, dans une direction opposée à la première. Si l'ondulation a mis plus de un dixième de seconde pour faire le double trajet du corps sonore à l'obstacle (aller et retour), on entendra, si on est placé près du corps qui a produit le son, une répétition qui pourra être distinguée du son lui-même ; ce sera un écho. Si elle a mis moins de temps, la répétition se confondra avec le son et le renforcera ; on aura seulement résonnance.

Dans tous les cas, on conçoit que la résonnance ou l'écho sera d'autant plus marqué, que l'obstacle, mur ou rocher, etc., sera incliné de façon à envoyer le son plus directement vers le lieu où on se trouve. On comprend qu'il peut même arriver qu'un mur courbe renvoie presque toutes les ondulations ailleurs que vers le corps qui a produit le bruit, des résonnances habilement ménagées renforçant cet écho à la sortie du circuit qu'il aura parcouru, et on aura ainsi l'explication de ces salles dites des secrets, où les plaintes échappées à voix basse de la bouche des prisonniers de Denys le Tyran, des victimes de l'inquisition, se portaient d'elles-mêmes aux oreilles de leurs bourreaux.

Comme l'expérience a montré que le son parcourt en moyenne 340 mètres par seconde, on voit que lorsqu'on sera à moins de 17 mètres de l'obstacle réfléchissant, on n'aura qu'une résonnance, parce que l'aller et le retour ne faisant pas 34 mètres, la répétition suivra le son à moins de un dixième de seconde d'intervalle et ne pourra pas en être distinguée. Si on en est à une distance comprise entre 17 mètres et 34 mètres, l'écho redira distinctement à celui qui parle la dernière syllabe, le dernier son qui l'aura frappé ; mais il redira toutes les paroles à une personne placée de manière à entendre l'écho seul sans entendre la voix. La distance étant entre 34 mètres et 51 mètres, l'écho redira les deux dernières syllabes ; de 51 mètres à 68 mètres, les trois dernières, mais il faudra parler très-fort.

Lorsqu'on tire une pièce de canon dans un pays de montagnes, le bruit, répété par les collines, au fond des vallées, par les murs, par les rochers et même par les nuages, et renvoyé d'échos en échos, peut se répéter jusqu'à cent fois avec de singulières alternatives de silences et de répétitions fréquentes, d'augmentation et d'affaiblissement ; c'est enfin l'écho produit par les nuages et par le sol qui cause en grande partie le bruit du tonnerre et ses variations si belles et si majestueuses. Ce sont les résonnances se produisant dans la caisse du tambour, entre les deux peaux, qui lui donnent son ton guerrier et sauvage ; ce sont elles qui rendent si pleine et si ronflante la voix de nos prédicateurs, qui savent très-bien de quel côté de l'église il faut se tourner pour donner du terrible aux paroles graves qu'ils ont à faire retentir. C'est que les murs grands et nus d'une église sont admirablement propres à la réflexion du son ; les draperies, les tentures ne le renvoient presque pas.

On remarque à Paris un bel effet de résonnance produit dans les caveaux du Panthéon par la disposition des murs ; l'écho, combiné avec les résonnances, fait produire à un coup de bâton, frappé sur une peau tendue, le bruit d'une pièce d'artillerie, et le même écho redit très-bien deux courtes syllabes. Il existe aussi au Conservatoire des Arts et Métiers une salle que quelques personnes croient ellipsoïdale et telle que, deux individus placés aux deux foyers, peuvent converser à voix basse sans que leurs voisins les entendent ; mais il n'en est rien : on va tout simplement placer sa bouche dans un coin très-près du mur, et on parle; l'angle rentrant du mur, se continuant en arc de cloître dans toute la longueur du plafond, va porter les paroles au coin diamétralement opposé, à une oreille qui est placée, comme la bouche, très-près du mur, absolument comme le ferait un tuyau qui serait à la place de ce conduit ouvert. Sans doute, en théorie, le phénomène de la salle ellipsoïdale est possible, mais difficile à réaliser dans la pratique; il ne semble pas l'avoir encore été.

On peut, par une expérience bien simple, se donner une idée des vibrations de l'air : on prendra un de ces globes qui recouvrent les pendules, on le tiendra à deux mains le plus près possible du sommet, on mettra une aiguille dans le globe, vers le bord, en tenant le globe horizontalement, et on dira à une personne voisine de crier très-haut; on sentira le globe vibrer dans les mains et on verra l'aiguille sautiller. Il est impossible, si l'on n'admet pas les ondulations de l'air, d'expliquer ce fait : suspendez un violon au mur d'une chambre, et approchez-en votre oreille pendant qu'une autre personne, dans la même chambre, attaquera vigoureusement une note sur un autre violon; vous entendrez, bien que personne n'y touche, la même note rendue par le violon attaché au mur.

CV

Mesurer les distances au moyen du son.

Il est arrivé à tout le monde de s'apercevoir que le bruit ne se fait pas entendre, à une certaine distance, au moment où il est produit. On voit souvent fendre du bois dans une rue, à une centaine de pas, et la hache tomber bien avant qu'on ne l'entende; on est frappé d'une balle avant d'entendre l'explosion du fusil, la balle faisant 500 mètres et le son seulement 340 mètres dans la première seconde. Si on a l'occasion de voir un tir à la cible, au canon ou au fusil, on pourra vérifier ce fait en se plaçant à quelque distance de la cible; on verra le boulet toucher la terre, faire jaillir à une grande distance les pierres et le gravier qu'il déplace, et un instant après on entendra la pièce qui l'a lancé. Lors donc qu'on entend le coup de tonnerre qui suit chaque éclair dans un orage, on peut estimer à quelle distance la foudre est tombée de la manière suivante : On se tâtera le pouls, et à l'instant où brillera l'éclair, on commencera à compter les pulsations jusqu'au premier bruit du tonnerre; chaque pulsation comptant en moyenne pour quatre cinquièmes de seconde, on calculera la distance à raison de 1000 mètres pour quatre pulsations, ce qui sera à peu près juste. Du reste, chacun pourra, en comptant les pulsations de son pouls pendant deux ou trois minutes, et divisant le nombre des secondes écoulées par le nombre des pulsations durant cet intervalle, connaître la durée moyenne d'une de ses pulsations.

Ceci suppose naturellement que l'éclair se voit aussitôt qu'il se produit, au contraire du son, qui ne fait que 340 mètres par seconde. En effet, la lumière fait dans une seconde 77000 lieues ou huit fois le tour de la terre.

Nous avons supposé aussi que la foudre éclate toutes les fois qu'il y a éclair; cela est vrai généralement, seulement il arrive souvent qu'elle éclate entre deux nuages ou entre un nuage et le sommet d'une montagne isolée, sans laisser de traces de son passage, ce qui fait que beaucoup de personnes croient qu'elle n'éclate pas à chaque éclair.

Le cas que nous venons de citer est à peu près le seul où l'on ait occasion de mesurer une distance par le son dans nos pays; mais sur la mer, un vaisseau tirant le canon d'alarme, peut donner la nuit, sur la côte, lieu à un calcul semblable, par le temps qui s'écoule entre le moment où on voit le feu de la pièce et celui où on entend le coup.

C'est, du reste, au moyen du canon qu'on a mesuré la distance de 340 mètres que le son parcourt dans une seconde. Sur deux hauteurs, à Montlhéry et à Villejuif, dans une nuit d'été, en 1822, plusieurs coups de canon ont été tirés des deux stations, et on a constamment trouvé pour le temps que le son mettait à parcourir la distance de 18612 mètres, 54 secondes $\frac{6}{10}$, d'où est résultée la vitesse $\frac{18612}{54,6} = 340^{m},88$, à la température de 16 degrés.

Dans l'eau, le son fait 1435 mètres par seconde; dans une pièce de bois, il va de 10 à 16 fois plus vite que dans l'air. Il va plus vite que dans l'air aussi à travers les métaux, et surtout il se propage avec plus d'intensité. En vous baignant, plongez une de vos oreilles dans l'eau, et dites à une personne voisine de frapper sous l'eau ses mains ou deux pierres l'une contre l'autre, vous pourrez ainsi vérifier le fait que nous venons d'avancer. En se couchant à terre et collant l'oreille contre le sol, on entend un coup de canon tiré à 15 lieues de distance. Si une pièce de bois est couchée de champ, l'oreille, appliquée à une extrémité, entendra le bruit qu'on fera à l'autre en grattant avec la pointe d'une épingle ou avec l'ongle, tandis que celui qui fera le bruit ne l'entendra pas. Dans un tuyau ouvert des deux bouts, le son marche aussi bien plus vite que dans l'air libre, et on peut converser à une grande distance très-vite et à demi-voix, en approchant successivement sa bouche et son oreille de l'extrémité du tuyau.

CVI

Du cavalier au jeu d'échecs.

Faire parcourir au cavalier les 64 cases de l'échiquier l'une après l'autre sans le faire passer deux fois par la même case.

MARCHE DU CAVALIER. Pour ceux qui ne connaîtraient point la marche du cavalier, nous dirons que le cavalier, placé sur une case noire de l'échiquier, ne peut passer de là que sur une des cases blanches qui sont à deux rangs de la sienne et tout autour de lui, et de même, placé sur une case blanche, il ne peut passer que sur une des cases noires à deux rangs de la sienne. Ainsi, de la case numérotée zéro, il pourra aller indifféremment sur une des cases numérotées de 1 à 8.

		1		2		
	8				3	
			0			
	7				4	
		6		5		

Cette marche irrégulière, en zigzag, du cavalier, en fait la pièce la plus traîtresse, celle dont il est le plus difficile de se garer quand on est sous son attaque; c'est le boulet de la pièce à ricochets qui va derrière les redoutes démonter les meilleures batteries de l'ennemi.

Premier moyen. Pour faire occuper successivement au cavalier les 64 cases de l'échiquier, placez le cavalier sur une case de coin et faites-le passer successivement par les cases qui sont le plus près possible du bord de l'échiquier, n'allant au troisième rang que lorsque vous ne pourrez plus passer par le second. Quand vous serez au delà du troisième rang, ayez soin, en continuant la marche, de remplir, aussitôt que vous le pourrez, les cases les plus voisines des bords. Vous verrez ainsi que les passages successifs du cavalier par les cases que nous avons numérotées sur la figure, se fera très-facilement en suivant la règle indiquée.

1	24	39	36	11	22	49	34
40	37	12	23	50	35	10	21
13	2	25	38	57	64	33	48
26	41	60	63	54	51	20	9
3	14	53	56	61	58	47	32
42	27	62	59	52	55	8	19
15	4	29	44	17	6	31	46
28	43	16	5	30	45	18	7

Deuxième moyen. Ce deuxième moyen est bien plus joli que le premier, en ce qu'il permet de placer le cavalier sur une case quelconque, sur la case numérotée **11**, par exemple, pour le faire passer de là sur les cases numérotées **12**, **13**, jusqu'à **64**, puis repasser sur la case numérotée **1** et revenir au numéro **11**, sans changer la règle qui établit la marche du cavalier. Ainsi l'ingénieux inventeur de cette méthode a donné par là le moyen, le cavalier étant placé

25	22	37	8	35	20	47	6
38	9	24	21	52	7	34	19
23	26	11	36	59	48	5	46
10	39	62	51	56	53	18	33
27	12	55	58	49	60	45	4
40	63	50	61	54	57	32	17
13	28	1	42	15	30	3	44
64	41	14	29	2	43	16	31

sur une case quelconque de l'échiquier, de lui faire occuper successivement les 63 autres cases, pour le faire revenir au point de départ, et continuer sa route autant de fois qu'on voudra; malheureusement ce moyen ne peut guère se réduire en règle; il faut le retenir de mémoire.

Il y a d'autres moyens de résoudre le problème, mais ils sont aussi compliqués que le dernier, sans présenter ses avantages.

CVII

Problème du puits et du Maçon.

Un maçon s'engage à creuser un puits de 20 mètres de profondeur pour 400 fr., et tombe malade après avoir creusé le dixième mètre; combien lui doit-on?

Nous supposerons que le prix du travail nécessaire pour fouiller la terre à 1 mètre de profondeur, de façon à pouvoir l'enlever ensuite comme de l'eau avec un seau, plus le travail pour emporter la terre contenue dans ce mètre de profondeur, à une certaine distance, est 5 fr. Ce premier travail étant le même à toute profondeur, si le terrain est homogène, sera payé 5 fr. $\times$ 20 $=$ 100 fr., et il restera 300 fr. pour le reste du travail.

SOLUTION. On lui doit 125 fr.

DÉMONSTRATION. Appelons A le prix qu'on lui doit pour jeter dehors la terre contenue dans le premier mètre de profondeur du puits; pour le second mètre on lui devra 3 fois plus, le centre de gravité de ce second mètre étant à $1^{m},50$ de l'orifice, et celui du premier mètre n'étant qu'à $0^{m},50$; pour le troisième mètre on lui devra 5 fois plus, etc., et pour le 20e, on lui devrait 39 fois plus; on lui devra donc en tout :

$$A + 3A + 5A + \ldots + 39A, \text{ ou}$$

$$A(1 + 3 + 5 + \ldots + 39) = A \times \frac{(1 + 39) \times 20}{2}, \text{ ou}$$

$$A \times 400 = 300 \text{ fr.}, \text{ donc } A = \tfrac{3}{4}.$$

Pour 10 mètres il devra donc recevoir :

$$A(1+3+5+\ldots+19)=A\times\frac{(1+19)\times 10}{2},\text{ ou}$$

$$A\times 100=\tfrac{3}{4}\times 100=3\times 25=75\text{ fr.},$$

plus 50 fr. pour la fouille et le transport, ce qui lui fera 125 fr.; les 275 fr. qui restent devront être donnés à celui qui achèvera l'ouvrage.

REMARQUE. Nous admettons ce principe de mécanique que le travail nécessaire pour tirer une quantité d'eau d'un puits est égal au poids de la masse d'eau multipliée par la distance de son centre de gravité à l'orifice du puits, seule considération admissible.

CVIII

Trois couteaux sur la pointe d'une aiguille.

On enfoncera dans un bouchon les pointes de deux ou trois couteaux, de façon que ces couteaux soient à peu près inclinés de la même quantité sur l'axe du bouchon. Plaçant alors le bouchon sur la pointe d'une aiguille ou d'une fourchette, on pourra faire tourner le tout et remuer l'aiguille, sans que rien tombe.

En effet, le centre de gravité du système se trouvant ainsi bien audessous du point de suspension, il faudrait donner au système une inclinaison très-grande pour lui faire quitter sa position d'équilibre stable.

CIX

Faire éclater un tonneau.

Si un tonneau plein de liquide repose sur un fond, en introduisant par un trou pratiqué dans le fond opposé un tube en fer-blanc de plus de 2 centimètres de diamètre, on n'aura qu'à remplir d'eau ce tube à une hauteur de quelques mètres, pour que le tonneau éclate avec violence.

La pression exercée sur le fond d'un vase par un liquide ne dépend, en effet, que de la grandeur de ce fond et de la hauteur du liquide au-dessus de lui, sans dépendre en aucune façon de la forme de la colonne liquide supérieure ; en sorte que si le fond du tonneau en question a de surface 50 décimètres carrés, si le tonneau plein d'eau a $1^m,20$ de haut et le tube 6^m, la pression que supportera le fond inférieur sera représentée par le poids de $50 \times 720 = 3600$ décimètres cubes d'eau ou 3600 kilogrammes, ce qui suffira, dans bien des cas, pour faire éclater le tonneau.

Remarque I. Il ne faudrait pas croire que, transporté sur une balance, le tonneau aurait ce poids ; ce poids ne représente que la force avec laquelle le fond est pressé de dedans en dehors. Cette pression, en vertu du principe de la transmission des pressions dans un liquide d'une manière parfaitement égale dans tous les sens, agit avec la même intensité sur les parois latérales et sur le fond supérieur du tonneau, mais sans avoir la moindre influence sur le poids de ce tonneau.

Remarque II. Il ne faut pas que le tube ait un trop petit diamètre, parce qu'alors l'eau contenue dans le tube ne presserait pas librement sur l'eau du tonneau, retenue qu'elle serait par les parois du tube, en vertu des lois de la capillarité.

CX

Travail perdu en tirant de l'eau d'un puits.

Dans les campagnes, souvent on n'a qu'un seau pour tirer de l'eau d'un puits, avec une corde passant sur une poulie, et alors, pour tirer par exemple 10 litres d'eau, qui font un poids de 10 kilogrammes, on a en plus à soulever le seau et toute la portion de la corde, depuis le niveau du sol, quand la corde est assez longue pour toucher la terre, jusqu'à son point d'attache avec le seau. Cette portion de corde diminue bien à mesure que le seau s'élève ; mais lorsque le puits est assez profond, elle fait, avec le poids du seau, une somme souvent plus grande que le poids de l'eau qu'on élève et qu'on devrait avoir seulement à soulever.

Quand on élève l'eau au moyen d'un tourniquet ou treuil, au lieu d'une corde, on a ordinairement une chaîne, qui est plus lourde, et on perd encore plus de travail. Si on a un seau à chaque bout de la corde, le travail perdu se trouve diminué de tout le poids du seau, mais il reste en pure perte le poids d'une portion de la corde ou de la chaîne.

Pour faire disparaître ce dernier inconvénient, il suffit d'attacher par ses deux extrémités, aux fonds des deux seaux, une corde ou une chaîne de même grosseur que la première. De cette façon, il se trouvera toujours la même portion de chaîne à droite et à gauche de la poulie; de plus, le seau vide fera équilibre au poids du seau qui contient l'eau, et si on veut élever 10 litres d'eau, on n'aura réellement qu'à agir avec une force de 10 kilogr., plus la petite force nécessaire pour faire tourner la poulie, en raison du frottement autour de son axe.

CXI

A quoi servait l'hélice avant d'être employée à la navigation?

A rôtir les gigots. En effet, en Provence, en établissant une hélice, une véritable hélice, sur un pivot vertical, au-dessus du foyer qui cuisait une pièce de viande, cette hélice tournait sous l'action du courant d'air chaud et de fumée, et communiquait son mouvement de rotation à la pièce en cuisson.

Vous vous ferez facilement une idée de ce mouvement en suspendant, soit au-dessus d'un poêle bien chaud, en hiver, soit au-dessus d'un courant de gaz quelconque, une feuille de fort papier découpée en spirale; en la soutenant par son milieu seulement, elle prendra naturellement par son poids la forme hélicoïdale, et sous l'action du courant, se mettra à tourner autour de son point d'appui.

CXII

Erreur du sens du toucher.

Croisez le grand doigt d'une de vos deux mains sur l'index, de façon qu'entre les bouts de l'index et du majeur vous puissiez faire rouler une bille sur une table en remuant la main ; fermez les yeux, et bien que vous soyez sûr d'avoir mis vous-même une seule bille, vous en sentirez parfaitement deux.

Les enfants ont les doigts si flexibles, qu'on pourra leur faire amener encore le bout de l'annulaire entre les bouts du majeur et de l'index croisés comme nous l'avons dit; alors, si vous prenez une bille sur votre main et la promenez sous les trois doigts de l'enfant, il lui sera impossible de dire le nombre de billes qu'il sentira, et ne pourra que répondre, quand on lui demandera combien il en sent : Beaucoup.

Ceci vient sans doute de ce que les parties des doigts qui, dans cette position extraordinaire, touchent simultanément ou à des intervalles extrêmement petits le même petit objet, ne peuvent, dans l'état naturel, toucher simultanément que des petits objets différents, et par suite nous accusent deux, trois ou plusieurs objets. Il arriverait probablement que l'illusion cesserait si on répétait très-souvent l'expérience, et que le témoignage du toucher, dans ce cas, serait le même que dans la position naturelle.

CXIII

Erreur du sens de la vue.

Suspendez un anneau par un fil au plafond d'une chambre, de façon qu'il soit à au moins 50 centimètres de tout autre objet, et lorsqu'il sera immobile, donnez à quelqu'un un bâton un peu long et recourbé à une de ses extrémités, comme une canne à bec de corbin. Bandez un œil à cette personne, placez-la à 1 mètre environ de l'anneau, de façon qu'elle ne le voie que par la tranche, et dites-lui de l'enfiler avec l'extrémité recourbée de son bâton; elle manquera presque toujours.

Ceci vient de ce qu'un seul rayon visuel n'est pas suffisant pour aire juger de la distance à laquelle se trouve un objet, lorsqu'il n'y a pas interposition de plusieurs objets dans l'intervalle qui sépare l'œil de celui qu'on regarde. Une personne borgne s'y tromperait, quoique moins souvent, parce qu'elle est habituée à chercher des points de repère auxquels nous pouvons, avec nos deux yeux, nous dispenser d'avoir recours, et qu'en inclinant un peu la tête, elle en aurait bientôt trouvé un dans l'autre bord de l'anneau. Pour comprendre l'utilité des deux yeux dans ce cas, regardez un objet placé à environ 1 mètre de vous, à votre hauteur et en face d'un mur distant de lui d'environ 2 mètres, regardez-le successivement de l'œil droit, puis de l'œil gauche, il ne vous cachera pas chaque fois la même partie du mur, c'est-à-dire que les deux rayons visuels forment un angle dont le sommet est à l'objet, et qu'instinctivement la perception simultanée des points du mur où aboutissent les deux côtés de l'angle, vous donne la position de son sommet.

CXIV

Vitesse qu'acquiert un corps qui tombe librement.

La pesanteur est une force constante, c'est-à-dire une force qui ne cesse jamais d'agir sur un même corps; que celui-ci soit en mouvement ou en repos, elle l'attire vers le centre de la terre, et s'il tombe, elle ne cesse à aucun instant de sa chute de l'attirer et de précipiter son mouvement. On peut se faire une idée de cette marche accélérée en faisant rouler devant soi, sur un terrain horizontal, un tonneau. Au départ, pour peu qu'il soit pesant, on a du mal à le mouvoir, puis, dès qu'il s'est mis à rouler, sans lui appliquer une force plus grande que celle qui a déterminé le mouvement, mais en la lui appliquant toujours, le mouvement ira en s'accélérant, sans qu'il y ait d'autre limite à sa vitesse que la vitesse avec laquelle vous pouvez courir.

Règle. On trouvera la vitesse qu'a acquise un corps qui est tombé librement pendant un certain nombre de secondes, par la formule :

$$v = g\,t,$$

dans laquelle v désigne la vitesse cherchée, g un nombre constant, qui est :

$$g = 9{,}8088,$$

et t le nombre de secondes qu'a duré la chute.

Exemple. Un corps est tombé pendant 50 secondes ; avec quelle vitesse marche-t-il à la fin de ce mouvement ?

$$v = 9{,}8088 \times 50 = 490 \text{ m.}$$

Ainsi ce corps frapperait un obstacle avec la force d'un boulet au sortir du canon, la vitesse de celui-ci étant, à sa sortie de la pièce, de 500 m.

Démonstration. Nous admettrons comme évident ce principe sans lequel on ne pourrait expliquer aucune accélération ni aucun retard dans un mouvement : Une force quelconque agit sur un corps en mouvement comme elle agirait sur le même corps en repos.

Cela étant, supposons la pesanteur capable de donner à un corps qui tombe librement, en une seconde de temps, une vitesse de $9^m,8$; si la pesanteur cessait d'agir après la première seconde de sa chute, le corps conserverait cette vitesse de $9^m,8$ jusqu'à ce qu'une autre force vînt la retarder, l'anéantir ou l'accélérer. Si donc la pesanteur s'y applique encore, elle lui communiquera dans la deuxième seconde une autre vitesse de $9^m,8$, ce qui lui fera, au bout de deux secondes, une vitesse totale de $9^m,8 \times 2$, avec laquelle il continuerait de tomber si la pesanteur ne le travaillait plus ; mais le même raisonnement fera voir que dans la troisième seconde la pesanteur ajoute $9^m,8$ à sa vitesse, en sorte qu'au bout de 3 secondes, il a une vitesse totale de $9^m,8 \times 3$, etc. En général, en appelant g la vitesse que la pesanteur donne au corps en une seconde, ce corps possédera, au bout de t secondes, une vitesse représentée par

$$v = gt.$$

Remarque. La résistance de l'air vient retarder cette vitesse ; la formule n'est absolument vraie que dans le vide ; mais si le corps est très-dense, comme un métal, et offre une petite surface, elle est sensiblement exacte.

CXV

Espace parcouru par un corps qui tombe librement.

Règle. On trouvera l'espace qu'a parcouru un corps qui est tombé librement pendant un nombre de secondes déterminé, par la formule

$$e = \frac{1}{2} g t^2.$$

Exemple. *Quel espace parcourt un corps qui tombe librement pendant* 50 *secondes?*

$$e = \frac{1}{2} \times 9{,}8088 \times 50^2 = 4{,}9044 \times 2500 = 12261 \text{ m.}$$

Démonstration. Rappelons d'abord un fait bien connu, c'est que lorsqu'on sait la vitesse moyenne d'un mouvement, on trouve l'espace parcouru en multipliant cette vitesse moyenne par le temps employé.

Alors, la vitesse d'un corps au commencement de sa chute étant 0, sa vitesse au bout du temps t^s* étant gt, d'après le problème précédent, la vitesse au milieu du temps t^s est $\frac{1}{2} gt$. 2^s après cet instant, elle est $\frac{1}{2} g (t + 2)$ et 2^s avant, $\frac{1}{2} g (t - 2)$, et la moyenne de ces deux valeurs est $\frac{1}{2} gt$. En considérant autant de vitesse qu'on voudra à des intervalles égaux de part et d'autre du milieu, on trouvera toujours $\frac{1}{2} gt$ pour leur moyenne, et par conséquent la vitesse moyenne définitive du mouvement est $\frac{1}{2} gt$; par conséquent, au bout du temps t, le corps aura parcouru un espace

$$e = \frac{1}{2} gt \times t = \frac{1}{2} gt^2.$$

Remarque. Il est facile de vérifier maintenant que c'est bien $9^m{,}8088$ qui est la valeur représentée par g, car si on laisse tomber un corps le long d'une règle divisée, on peut constater par l'expérience directe qu'il tombe de $4^m{,}9044$ dans la première seconde de sa chute. Or, la formule

$$e = \frac{1}{2} gt^2 \text{ devient alors } e = \frac{1}{2} g \times 1^2\text{; donc}$$

$$\frac{1}{2} g = 4^m{,}9044, \text{ et } g = 9^m{,}8088.$$

---

* t^s signifie t secondes.

CXVI

Calculer la profondeur d'un puits.

Règle et démonstration. On laissera tomber une pierre dans le puits, et, avec une montre à secondes, on comptera les secondes écoulées depuis l'instant où on a lâché la pierre, jusqu'à celui où on entendra le bruit de sa chute dans l'eau; alors, pour une première approximation, on appliquera la formule :

$$x = \frac{1}{2} g t^2,$$

en y remplaçant g par 9,8088 et t par le nombre de secondes écoulées.

On aura ainsi un nombre trop fort, car on a compté en trop, dans le nombre de secondes t, la fraction de seconde qui s'est écoulée pendant le temps que le son a mis pour revenir du fond du puits à l'oreille. Il est vrai que, pour un puits ordinaire, cette fraction est toujours très-petite; mais on peut diminuer de beaucoup l'erreur de la manière suivante :

Après avoir trouvé la profondeur du puits, comme nous avons dit, on cherchera le temps que met le son pour la parcourir, on retranchera ce temps du nombre de secondes primitivement obtenu, et on appliquera de nouveau la formule

$$x = \frac{1}{2} g t^2,$$

en remplaçant t par ce nouveau nombre de secondes.

Exemple. *Quelle est la profondeur d'un puits, sachant qu'il s'est écoulé* $3^s,5$ *depuis l'instant de la chute d'une pierre jusqu'à celui où on a entendu la pierre tomber?*

On aura pour première approximation :

$$x = \frac{1}{2} \times 9,8088 \times \overline{3,5}^2 = 4,9044 \times 12,25 = 60^m,08.$$

Deuxième approximation : Le son mettrait pour parcourir cette distance, à raison de 340 m. par seconde :

$$\frac{60,08}{340} = 0^s,17.$$

On peut donc considérer, avec très-peu d'erreur, la pierre comme ayant mis seulement

$$3^s,5 - 0^s,17 = 3^s,33$$

à descendre au fond du puits, d'où

$$x = 4,9044 \times \overline{3,33}^2 = 54^m,34.$$

Le nombre exact, qui dépend d'une équation d'algèbre du second degré, est $54^m,57$.

Remarque I. On pourrait passer à une troisième approximation, en cherchant combien le son mettrait pour parcourir cette distance plus exacte de $54^m,34$,

$$\frac{54,34}{340} = 0,16,$$

et en considérant la pierre comme ayant mis

$$3^s,5 - 0^s,16 = 3^s,34$$

à tomber, d'où

$$x = 4,9044 \times \overline{3,34}^2 = 54,71,$$

pour s'arrêter aussitôt que les résultats de deux approximations successives différeraient très-peu l'un de l'autre.

Remarque II. Si on n'a pas de montre à secondes, on prendra un fil auquel on attachera une balle de plomb et qu'on suspendra à un clou, en laissant juste $0^m,994$ de fil entre le centre de la balle et le point de suspension. Si on fait osciller ce pendule à partir du moment où on lâche la pierre, son oscillation durant juste une seconde, on pourra estimer exactement le nombre de secondes et la fraction de seconde, à peu près.

On fera bien de laisser tomber plusieurs pierres et de prendre la moyenne du nombre de secondes que l'on comptera chaque fois.

CXVII

Trouver le volume d'un corps de forme irrégulière, d'un balai, par exemple, ou d'un paquet d'épines, ou d'une pierre.

On prendra un vase assez grand pour contenir le corps, un seau, par exemple, qu'on pèsera successivement à vide et lorsqu'on y aura mis une quantité déterminée d'eau, 7 litres par exemple. La différence des deux pesées donnera le poids des 7 litres d'eau qu'on y a introduits, et par suite le poids d'un litre de cette eau. Supposons qu'on ait ainsi trouvé qu'un litre de cette eau pèse 1 kil., 007 gr.

On attachera d'abord le corps dont on veut trouver le volume au-dessous du plateau d'une balance, et on lui fera équilibre avec du sable; on placera ensuite sous le corps ainsi suspendu un seau contenant assez d'eau pour que ce corps puisse plonger entièrement. On verra s'élever le plateau sous lequel est le corps, et on y mettra des poids pour maintenir l'équilibre, jusqu'à ce que le corps plonge entièrement. Autant de fois le poids ainsi ajouté contiendra celui d'un litre d'eau, 1 kil., 007, autant le volume du corps vaudra de décimètres cubes.

EXEMPLE. Ainsi, supposons qu'une pierre attachée sous le plateau ait exigé 11 k., 023 gr. pour que l'équilibre se rétablît, on en conclura que le volume de la pierre est, en décimètres cubes :

$$\frac{11 \text{ k.}, 023}{1 \text{ k.}, 007} = 10,946.$$

10 décim. cub., 946 centim. cub.

DÉMONSTRATION. Suivant le principe d'Archimède, un corps, plongé dans un liquide, perd une partie de son poids égale au poids du liquide qu'il déplace, c'est-à-dire au poids d'un volume de liquide égal au sien. Nous voyons donc dans l'exemple précédent que le volume de la pierre ou le volume de l'eau déplacée pèse 11 k., 023; or, nous savons qu'un litre ou 1 décimètre cube de notre eau pèse

1 k., 007; donc autant de fois 1 k., 007 est contenu dans 11 k., 023, autant il y a de décimètres cubes dans le volume cherché.

Remarque I. S'il s'agissait du volume d'un balai, qui ne s'enfonce pas dans l'eau naturellement, ou de tout autre corps moins dense que l'eau, on déterminerait à l'avance le volume d'une pierre, puis le volume du balai et de la pierre ensemble, en la prenant assez pesante pour faire enfoncer le balai.

Remarque II. Si on voulait le volume d'un morceau de sucre ou de tout autre corps soluble dans l'eau, il faudrait l'enduire d'une légère couche de cire fondue ou se servir d'un autre liquide dans lequel le corps ne se dissoudrait pas, de l'huile pour le sucre, par exemple, et opérer de la même façon.

CXVIII

Faire paraître ou disparaître un objet à volonté.

En passant de l'eau dans l'air, ou en général d'un milieu plus dense dans un milieu moins dense, un rayon lumineux s'écarte de la normale à la surface de séparation des deux milieux, comme l'indique cette figure.

Nous supposerons de l'eau au-dessous et de l'air au-dessus de la ligne MN, le rayon lumineux RA vient de l'eau, en faisant avec la normale BC l'angle RAC, et pénètre dans l'air en faisant l'angle plus grand R'AB, c'est-à-dire en s'écartant de la normale. Alors l'œil placé en R' verrait le point R non pas où il est réellement, mais en R', sur le prolongement du rayon émergent AR' qui est venu le frapper.

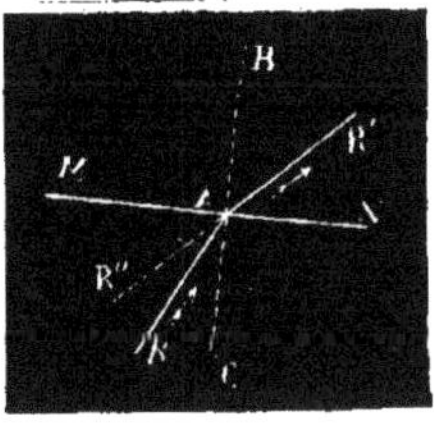

Si donc (*figure suivante*) on met au fond d'un vase un objet quelconque, une pièce de monnaie, et qu'on place une personne de façon que son œil soit en A, le rayon visuel AB, qui rase le bord du vase, ne lui permettra pas de voir l'objet; mais si on remplit le vase d'eau, il se passera ce qu'on voit dans le second vase de la figure, le rayon lumineux BC venant de la pièce, s'infléchira suivant CA, et l'œil placé en A croira voir la pièce en B'.

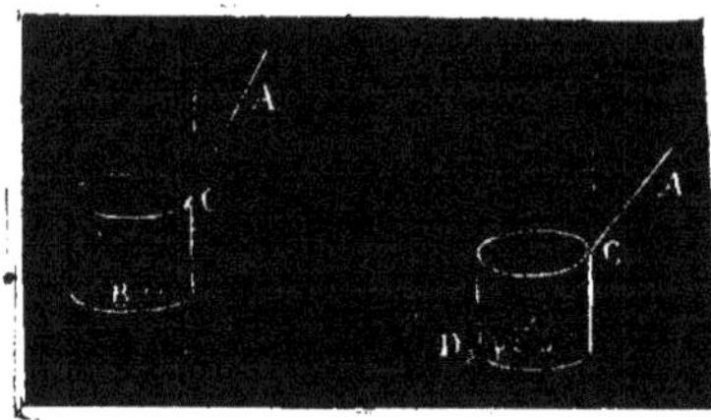

Si un robinet D placé au fond du vase permet de faire écouler l'eau, on pourra rendre successivement la pièce invisible ou visible autant de fois qu'on voudra; un siphon pourrait très-bien remplacer le robinet.

Ainsi, un objet dans l'eau n'est jamais vu de l'extérieur à la place qu'il occupe réellement, excepté : 1° quand il touche à la surface; 2° lorsqu'on se trouve au-dessus de l'eau et qu'on le regarde verticalement au-dessous de soi. De plus, l'erreur que l'on commet en croyant l'objet où on le voit est d'autant plus grande, que cet objet est plus éloigné de la surface; en sorte que, dans les rivières assez limpides pour permettre de voir le gros poisson, on peut le tuer au fusil chargé à balle, mais en ajustant le poisson à 5, 10, 15, 20 centimètres en avant du point où on l'aperçoit, suivant qu'on le suppose plus ou moins éloigné de la surface. Il est vrai de dire que dans cette chasse, le poisson est plus souvent étourdi par la masse d'eau que refoule la balle, que frappé par la balle même, et qu'il n'est pas indispensable, pour pouvoir se saisir de la pièce, de viser tout à fait juste.

CXIX

Écriture secrète absolument indéchiffrable.

Vous ouvrirez un livre, le premier venu, à une page quelconque, et vous mettrez un trait après la vingt-cinquième lettre de cette page; les vingt-cinq lettres ainsi séparées vous procureront un alphabet, dont la première lettre sera pour vous, et pour vous seul, un *a*, la seconde un *b*, etc. Vous mettrez ensuite un trait après la cinquantième lettre, et vous aurez ainsi un autre alphabet; vous continuerez ainsi autant que besoin sera.

Lorsque vous voudrez écrire quelque chose, la première phrase commençant, par exemple, par ces mots : Voyez de suite, etc., vous prendrez *v* dans le premier alphabet, et s'il est représenté par un *c*, vous écrirez *c*; s'il y a plusieurs *c*, vous mettrez au-dessus un petit chiffre qui indique le rang de ce *c* dans votre alphabet improvisé; si c'est le troisième *c*, vous écrirez c^3; puis vous prendrez *o* dans le deuxième alphabet, *y* dans le troisième, avec les mêmes précautions, et ainsi de suite.

Il est clair que le même signe ne revenant pour représenter la même lettre qu'à des intervalles dépendant du hasard, il sera de toute impossibilité à celui qui ne connaîtra pas l'édition, le volume et la page dont vous vous êtes servi, de découvrir le sens de votre hiéroglyphe.

Pour lire une pareille écriture, il faut reprendre la page en question et traduire les lettres une à une, car cette page n'est pas autre chose que le dictionnaire de cette langue inconnue.

Deux amis peuvent convenir, avant de se séparer, que leur correspondance commencera à la page 15 du premier volume des œuvres d'Alexandre Dumas, et se continuera dans toute la suite de ces œuvres; ils pourront s'écrire pendant longtemps.

CXX

Preuve du mouvement de la terre.

Placez-vous au nord d'un édifice, d'un clocher, par exemple, et regardez sur la gauche de cet édifice une étoile; placez-vous de façon à voir l'étoile tout près de se cacher derrière l'obstacle, et une fois dans cette position, que vos pieds ne quittent plus leur place : vous verrez tout à coup l'étoile disparaître derrière l'obstacle, et, en penchant un peu la tête, vous l'apercevrez de nouveau, puis elle se cachera encore et il vous faudra incliner la tête davantage; enfin, après 10 minutes, si vos pieds n'ont pas bougé, il faudra tellement vous pencher pour voir l'étoile, qu'il vous sera difficile de ne pas tomber.

Donc, ou bien l'étoile a marché pour se cacher derrière le clocher, ou l'étoile est restée en place et la terre vous a amené, vous et le clocher, vers l'est, devant l'étoile que vous ne pouvez plus voir. Ce n'est pas l'étoile qui a marché, car à la distance où elle est, il lui aurait fallu faire en ces 10 minutes deux ou trois milliards de lieues, tandis qu'il ne faut qu'un petit mouvement à la terre; c'est donc la terre qui s'est déplacée, et du couchant au levant.

Moins l'étoile que vous choisirez sera haut dans le ciel, mieux vous verrez cette preuve se manifester.

CXXI

Tracer la méridienne d'un lieu.

La méridienne d'un lieu, c'est la ligne horizontale qui, dans ce lieu, sert à marquer la direction exacte du nord au sud. Si vous vous supposez couché sur le dos le long de cette ligne, la tête du côté du nord, vous verrez le soleil se lever à votre gauche, se coucher à votre droite et passer devant vous exactement au milieu du jour, à midi; c'est-à-dire qu'il vous serait exactement caché par un bâton vertical planté à vos pieds, ou que tous les objets verticaux ont leur ombre dans la direction de la méridienne à midi.

Comme tout le monde le sait, le midi vrai est le moment où le soleil est le plus élevé au-dessus de l'horizon; c'est donc aussi le moment où l'ombre d'un objet est la plus courte possible; de plus, à des intervalles égaux, avant et après midi, l'ombre du même objet a la même grandeur. Si donc, après avoir rendu bien horizontale une petite surface de terrain, vous y fixez un jalon, en vous assurant avec le fil-à-plomb qu'il est bien vertical; si du pied de ce jalon vous tracez une circonférence de rayon convenable pour que l'extrémité de l'ombre soit à midi en dedans, et le matin et le soir en dehors du cercle, vous n'aurez qu'à marquer le plus exactement possible les points où l'extrémité de l'ombre rentrera dans le cercle et en sortira, à joindre ces deux points au pied du jalon et à diviser l'angle trouvé en deux parties égales par une ligne droite; cette ligne sera la méridienne. Vous contrôlerez les jours suivants votre opération de cette manière : vous vous procurerez une bonne montre, et vous vérifierez si l'ombre met exactement le même temps pour aller de celle de vos deux lignes qui est à l'ouest de la méridienne, que pour aller de la méridienne à l'autre ligne. Vous recommencerez tout le travail, en rendant votre terrain bien horizontal, chaque fois que la vérification ne donnera pas un résultat bien satisfaisant. Vous aurez ainsi déterminé dans un lieu quelconque une ligne qui vous servira à régler les horloges, puisque, avec une petite modification que nous allons voir, vous marquerez midi à votre horloge toutes les fois que l'ombre du jalon sera sur la méridienne que vous aurez tracée.

Une barre de fer perpendiculaire à la surface d'une pierre bien dressée, et placée horizontalement, se nomme *gnomon*, et n'est autre chose que ce que nous venons d'expliquer.

Un moyen qui semble plus simple, mais qui, en pratique, est plus difficile à exécuter, consiste à se servir d'une boussole ou d'une aiguille bien aimantée, supportée horizontalement par un pivot autour duquel elle peut tourner, ou soutenue par un petit morceau de liége en son milieu sur un vase d'eau bien tranquille. On tracerait une ligne suivant la direction de cette aiguille, et l'on ferait avec cette ligne un angle que l'*Annuaire du bureau des longitudes* donne tous les ans sous le titre de *déclinaison de l'aiguille aimantée*. Il faudrait faire actuellement un angle de 20 degrés vers l'est avec la direction nord de l'aiguille aimantée. La ligne qui fera cet angle sera la méridienne, qu'on pourra du reste soumettre à la vérification dont nous avons parlé.

CXXII

Régler les horloges d'un lieu.

La terre, emportée autour du soleil suivant les lois immuables de la gravitation universelle, marche autour de cet astre plus vite en hiver qu'en été, tandis qu'elle tourne sur elle-même d'une manière toujours uniforme, pour nous donner le jour et la nuit. Elle doit donc par là faire passer un point de sa surface sous les rayons directs du soleil à des intervalles plus rapprochés dans une saison que dans l'autre, c'est-à-dire que l'espace de temps qui sépare deux midis consécutifs du vrai soleil n'est pas le même aux différentes époques de l'année. La précision mécanique d'une bonne horloge fait donc qu'il n'est pas possible qu'elle marque midi pendant une période de jours un peu longue, en même temps que le soleil l'annonce par le gnomon.

On y a remédié en supposant que la terre tourne uniformément autour d'un autre soleil placé sur le prolongement de son équateur, et en calculant les instants précis où ce soleil, appelé *soleil moyen*, se trouve dans la direction de la méridienne, c'est-à-dire les instants précis du midi moyen, on fait une table qui indique pour chaque jour de l'année de combien le midi vrai diffère du midi moyen. Cette table, calculée de jour en jour, et consignée dans l'*Annuaire du bureau des longitudes*, donne le temps moyen au midi vrai, c'est-à-dire que si, à la colonne de cet annuaire intitulée *temps moyen à midi vrai*, vous voyez 11 h. 49 min. 53 sec., cela vous apprend que ce jour-là, à l'instant où le gnomon a son ombre dans la méridienne, vous devez faire marquer à l'horloge seulement 11 h. 49 min. 53 sec. A partir de ce moment, si c'est une bonne horloge, elle sera toujours d'accord avec le temps moyen, qui, quatre fois seulement par an, est d'accord avec le temps vrai.

Le temps moyen au midi vrai n'est pas le même pour deux années différentes le même jour, et fait l'objet de calculs minutieux. Il n'y a que quelques secondes de différence entre deux années consécutives; mais si on veut avoir de l'exactitude, il faut acheter tous les ans l'annuaire que publie le bureau des longitudes à l'Observatoire de Paris, ou la *Connaissance des Temps*, dont l'annuaire n'est qu'un extrait.

CXXIII

Trouver l'heure qu'il est au même instant dans des lieux différents.

On suppose la terre, qui a la forme d'un *ellipsoïde de révolution*, divisée en tranches analogues aux côtes d'un melon, par des ellipses appelées méridiens. Les Français considèrent comme le premier de ces méridiens celui qui passe par Paris; on les numérote sur l'équateur, et par leur écartement ils constituent ce qu'on appelle les degrés de longitude, en sorte qu'on peut dire que la longitude d'un lieu est le nombre de degrés comptés sur l'équateur, depuis le méridien de Paris jusqu'au méridien qui passe par ce lieu. Les géographies importantes, les dictionnaires géographiques donnent les longitudes des lieux principaux. On peut, du reste, les voir très-approximativement sur les cartes. Ces longitudes sont orientales ou occidentales, suivant que les lieux considérés sont à l'est ou à l'ouest de Paris.

Règle. Si deux lieux considérés sont tous deux à l'est ou tous deux à l'ouest de Paris, on retranche leurs longitudes l'une de l'autre, et s'ils sont de côtés différents de Paris, on ajoute leurs longitudes, pour avoir ce qu'on appelle la différence en longitude des deux lieux. Dans cette différence, le quotient des degrés par 15 donne les heures; celui des minutes par 15 donne les minutes de temps dont les horloges d'un endroit retardent ou avancent sur celles de l'autre lieu, suivant que le premier est à l'occident ou à l'orient du second.

Exemples. 1° Quelle heure est-il à Cracovie quand il est midi à Tobolsk?

On trouvera { Cracovie, long. E., 17° 36′. / Tobolsk, long. E., 65° 46′.

Différence en longitude : $65° 46' - 17° 36' = 48° 10'$.

$$\text{Différence en temps : } \frac{48° 10'}{15} = 3 \text{ h. } 12 \text{ m. } 40 \text{ s.}$$

Il est 8 h. 47 m. 20 s. du matin à Cracovie quand il est midi à Tobolsk.

2° Quelle heure est-il à Saint-Pétersbourg quand il est midi à New-York?

On aura { Saint-Pétersbourg, long. E., 27° 58′. / New-York, long. O., 76° 18′.

Différence en longitude : $76° 18' + 27° 58' = 104° 16'$.

$$\text{Différence en temps : } \frac{104° 16'}{15} = 6 \text{ h. } 57 \text{ m.}$$

Il est 6 h. 57 m. du soir à Saint-Pétersbourg quand il est midi à New-York.

3° Quelle heure est-il à Cayenne quand il est midi à Paris?

On trouve : Cayenne, long. O., 54° 35′ ; celle de Paris étant 0, il n'y a pas lieu de faire la somme ou la différence.

$$\text{Différence en temps : } \frac{54^\circ\ 35'}{15} = 3 \text{ h. } 38 \text{ m.}$$

Donc il est à Cayenne 12 h. — 3 h. 38 m. = 8 h. 22 m. du matin quand il est midi à Paris.

Démonstration. Nous avons déjà dit que la terre tourne sur elle-même de l'ouest à l'est en 24 heures, c'est-à-dire qu'elle fait passer un point de sa surface en face du soleil immobile toutes les 24 heures ; elle amènera donc en face du soleil deux points situés à l'opposé l'un de l'autre à 12 heures d'intervalle.

On voit par là qu'elle fait passer sous le soleil 180° de longitude en 12 h. ; en 1 h. $\frac{180^\circ}{12} = 15^\circ$; en 1 m. $\frac{15^\circ}{60} = 15'$. Si donc on divise par 15 la différence en longitude de deux villes, on trouve combien de temps après la première le mouvement de la terre amène la seconde en face du soleil, ou la différence des midis des deux endroits, celui qui est à l'est ayant midi plus tôt que l'autre.

Remarque I. Les Anglais considèrent comme premier méridien celui qui passe par leur observatoire de Greenwich, qui est à 2° 20′ 15″ de long. O. de Paris ; en temps, 5 min. 21 s. Il est donc très-facile de convertir, par une simple addition ou soustraction, les longitudes prises par rapport à Paris, en longitudes de Greenwich.

Pour les Russes, le premier méridien part de Saint-Pétersbourg.

Remarque II. Il est à regretter que de mesquines idées de nationalité empêchent de s'entendre, même sur un point aussi innocent que celui de la position d'un méridien origine, comme si, pour l'homme sérieux et bon, il y avait autre chose ici-bas qu'un seul et même peuple, habitant, d'une machine ronde, la surface dont le milieu est partout et la frontière nulle part.

CXXIV

La semaine des trois jeudis.

Il suit de ce que nous venons de dire sur la longitude d'un lieu, que si un navire part pour faire le tour de la terre, en allant d'Orient en Occident, avec une vitesse que, pour plus de simplicité, nous supposerons régulière et de 3° de longitude par jour, il est clair qu'en 5 jours, ayant franchi 15°, les passagers compteront midi une heure plus tard que ceux qui seront restés au port; en 10 jours, 2 heures plus tard, etc. En 120 jours, ou 24 fois 5 jours, midi arrivera donc pour eux 24 heures plus tard, en sorte que chacun de leurs jours se sera trouvé plus long que s'ils étaient restés à terre, et en somme, ils auront vu le soleil se lever une fois de moins exactement, c'est-à-dire que si le jour où ils arrivent est un vendredi pour ceux du port, ce sera pour eux un jeudi. Si un autre navire avait fait le même chemin d'Occident en Orient, et revenait le mercredi de la même semaine pour le port, il aurait eu chaque midi en avance sur le midi précédent, et en somme, aurait vu le soleil se lever une fois de plus que les personnes du port; il compterait donc jeudi, et cette semaine aurait trois jeudis, malgré le proverbe.

CXXV

Retrouver dans le ciel les principales constellations et étoiles.

Nous supposerons connues la position et la figure de *la Grande Ourse*, appelée aussi *le Grand Chariot, le Char de David.* Vous tracerez une ligne qui passera par les deux roues de derrière du chariot, et vous la prolongerez en imagination, de façon qu'elle coupe le ciel en deux parties. Vous trouverez sur cette ligne, à une distance à peu près égale à quatre fois l'intervalle des deux roues, une étoile assez brillante; c'est la polaire, étoile autour de laquelle semblent tourner toutes les autres, et vous imaginerez une perpendiculaire à la première ligne par cette étoile. Alors vous pourrez remarquer sur la première ligne :

1° *La Grande Ourse*, dont on voit bien sept étoiles, les quatre roues du chariot et trois étoiles figurant le timon ;

2° *La Petite Ourse* ou *le Petit Chariot*, dont la première étoile est la polaire dont nous venons de parler. Cette constellation est semblable à la précédente, mais tournée en sens inverse ; il faut une très-bonne vue pour distinguer les étoiles du chariot ; avec une lorgnette de spectacle on les voit bien ;

3° *Céphée*, formée de trois étoiles en arc de cercle, de l'autre côté de la polaire, par rapport à la Grande Ourse ;

4° *Cassiopée* ou *la Chaise*, quatre étoiles en Y renversé ; si on tourne le dos à la Grande Ourse, Céphée est à droite et Cassiopée à gauche de la ligne dont nous avons parlé ;

5° *Pégase*, grand quadrilatère, plus grand que la Grande Ourse ; les deux dernières étoiles sont presque sur la ligne en question, plus bas que Céphée et Cassiopée ;

6° *Régulus*, belle étoile de la constellation du *Lion*, plus bas que la Grande Ourse, un peu à droite de la ligne ; quand nous disons plus bas, c'est sur la ligne qui unit l'étoile polaire à celle dont nous parlons, en se rapprochant de l'horizon ;

Sur la perpendiculaire :

7° *La Tête du Dragon*, quatre étoiles en trapèze, bien visibles, du même côté que la queue de la Grande Ourse ;

8° *La Chèvre*, belle étoile jaune de la constellation du *Cocher*, opposée à la précédente ;

9° *Aldébaran*, belle étoile rouge de la constellation du *Taureau*, plus bas que la Chèvre ;

Dans les intervalles :

10° *Arcturus*, belle étoile rouge de la constellation du *Bouvier*, en prolongeant l'arc formé par le timon de la Grande Ourse ;

11° *L'Epi*, très-belle étoile de la constellation de *la Vierge*, en continuant le même arc;

12° *La Couronne boréale*, un peu au-dessous de la ligne qui unit Arcturus à la Tête du Dragon; la plus brillante étoile de cette constellation se nomme *la Perle;*

13° *Castor* et *Pollux*, deux belles étoiles de la constellation des *Gémeaux*, sur la ligne qui unit Régulus à Aldébaran;

14° *Procyon*, belle étoile de la constellation du *Petit Chien*, au-dessous des Gémeaux;

15° *Orion*, la plus belle constellation du ciel; c'est un grand carré dont deux étoiles sont très-belles : *Bételgeuze*, rouge, en haut, à droite; *Rigel*, blanche, à gauche et en bas. Au milieu, *le Baudrier d'Orion* ou *les Trois Rois Mages;* elle est au-dessous de la ligne qui joint Procyon à Aldébaran;

16° *Sirius*, la plus belle étoile du ciel, blanche, de la constellation du *Grand Chien*, au milieu de la distance entre Procyon et Bételgeuze, mais plus bas;

17° *Andromède.* Pégase, semblable à la Grande Ourse, a son timon, dont les trois étoiles composent la constellation d'Andromède;

18° *Persée*, trois étoiles en arc, constellation située entre Andromède et la Chèvre, contient l'étoile *Algol*, qui varie d'éclat en 2 jours 21 heures;

19° *Wéga*, belle étoile de la constellation de *la Lyre*, plus bas et un peu à gauche de la Tête du Dragon;

20° *Altaïr*, belle étoile de la constellation de *l'Aigle*, plus bas et un peu à gauche de Wéga.

On pourra trouver dans le ciel en tout temps, même de jour, avec une petite lunette astronomique : la Grande Ourse, la Petite Ourse, la Tête du Dragon, Wéga, Céphée, Cassiopée, Algol, la Chèvre.

Vers 10 heures du soir, on verra parfaitement bien :

En janvier : Castor, Pollux, Procyon, Sirius;

En février : Régulus et les précédentes;

En avril : Arcturus, l'Épi;
En mai : la Couronne boréale;
En juillet : Altaïr;
En septembre : Pégase, Andromède;
En novembre : Aldébaran;
En décembre : Rigel, Bételgeuze.

CXXVI

Des planètes.

Nous pouvons très-bien voir dans le ciel les quatre planètes : *Vénus*, *Mars*, *Jupiter* et *Saturne;* il faut une excellente vue pour apercevoir *Uranus*, et un télescope pour *Neptune*. D'autres planètes, très-petites, situées entre Mars et Jupiter, se découvrent tous les jours; on ne peut les voir qu'avec de bons instruments. Quant à *Mercure*, il est toujours trop près du soleil et ne peut être vu que le soir ou le matin dans le crépuscule, près de l'horizon. Dans les temps les plus favorables, il reste au plus 1 heure et demie sur l'horizon après le soleil, ou se lève 1 heure et demie avant lui.

Quand vous verrez dans le ciel une étoile brillante autre que celles dont nous avons parlé, ce sera probablement une des quatre premières planètes que nous venons de citer, car elles ont tout à fait, à la simple vue, la même apparence que les étoiles. Vous pourrez vous en assurer en remarquant que c'est un *astre errant*, c'est-à-dire que tandis que les étoiles (fixes) dont nous avons parlé restent à la même place les unes par rapport aux autres dans le ciel, les planètes vont de l'une à l'autre de ces étoiles dans des intervalles de quelques jours.

Vénus se reconnaît très-bien : c'est la brillante étoile du berger.

Mars a une teinte rougeâtre très-prononcée.

Jupiter, d'un blanc jaunâtre bien éclatant.

Saturne, d'un blanc bleuâtre, plombé.

CXXVII

Des comètes.

Les comètes (astres chevelus) sont des astres de forme bizarre, qu'il est impossible de confondre avec les planètes ou avec les étoiles, car celles-ci sont des points lumineux, et les comètes sont de véritables masses lumineuses, sous la forme générale d'un *noyau* entouré d'une énorme *chevelure* et suivi d'une immense *queue*, mais tantôt le noyau, tantôt la chevelure manque; c'est la traînée lumineuse qu'on appelle la queue qui ne manque presque jamais.

Ces astres apparaissent tout à coup dans le ciel, déjouant pour la plupart les calculs des savants, dans des directions tout à fait arbitraires, marchant les uns dans un sens, les autres dans un autre. La dénomination d'astres errants leur conviendrait bien mieux qu'aux planètes. Sur cinq cents et quelques comètes observées, il n'en est que sept ou huit dont on connaisse bien la marche.

On voit les étoiles à travers la queue, la chevelure et même le noyau d'une comète, et son apparence change souvent d'une manière tout à fait capricieuse, ce qui prouve jusqu'à l'évidence qu'une comète est une masse gazeuse excessivement peu dense, dont le choc ne pourrait en aucune manière détruire l'équilibre d'une planète et des objets qui s'y trouvent, encore bien moins la briser. Cependant, ceux qui craignent la fin du monde à la suite d'un de ces chocs, pourraient avoir raison si ce choc était probable. Nous ne connaissons, en effet, qu'un fluide, l'air, mélange de deux gaz (azote et oxygène), qui puisse entretenir la vie chez les êtres animés; nous en connaissons beaucoup d'autres qui sont des poisons; il est donc probable que la masse gazeuse d'une comète, mélangée avec notre atmosphère, ferait disparaître les animaux et les hommes, à moins pourtant que ce ne fût un gaz bienfaisant qui nous rendît la vie des patriarches. Mais si on examine l'étendue des régions que peuvent parcourir les comètes, le nombre de ces comètes et la petitesse de la terre, on trouvera qu'il est bien plus probable qu'un voyageur, faisant une fois le tour de la terre, mettra le pied sur un grain de sable désigné par d'autres et inconnu de lui, qu'il n'est probable qu'un homme, dans une vie de cent ans, verra la rencontre d'une comète avec la terre. Quand on voit des gens habiter presque avec confiance le flanc d'un volcan ou d'une solfatare, ou reconstruire une ville détruite par un tremblement de terre, il est impossible de comprendre qu'il y en ait d'assez poltrons pour avoir peur d'une comète.

L'influence d'une comète sur la récolte, la vendange, la quantité de pluie qui tombe dans une année, est tout à fait nulle ; une comète ne peut ni attirer ni déranger la moindre des molécules de vapeur d'eau qui sont dans l'atmosphère. Faut-il croire à son influence sur la paix ou la guerre, sur la mort de César, etc. ? Ceci n'est pas problématique, c'est ridicule.

CXXVIII

De l'année.

On appelle *année tropique* l'intervalle de temps qui sépare deux retours consécutifs de la terre au point où l'orbite qu'elle décrit autour du soleil coupe l'équateur céleste, c'est-à-dire au même *équinoxe.* C'est avec cet intervalle de temps qu'il faut s'efforcer de faire concorder l'année civile, car son invariabilité est assurée depuis 2000 ans par une expérience certaine et par le raisonnement, jusqu'à ce qu'une cause étrangère à tout ce que nous connaissons actuellement dans l'univers vienne troubler les lois que le Créateur a imposées à la matière.

L'année tropique contient un nombre inexact de jours solaires qu'on ne peut exprimer exactement même en fraction, mais qu'on peut écrire 365 j., 24225, avec une erreur moindre que 3 cent-millièmes de jour.

Le premier calendrier auquel nous puissions remonter est celui des Égyptiens. Ils comptaient une année de 360 jours, divisée en 12 mois de 30 jours chacun. Ils l'ont eux-mêmes remplacée par une année de 365 jours, trop petite de 0 j., 24225 ; chaque année les dates avançaient sur les véritables de 0 j., 24225, ce qui faisait en 365 ans une avance de

$$0 \text{ j.}, 24225 \times 365 = 88 \text{ j.}, 4,$$

environ 3 mois, c'est-à-dire qu'ils en venaient, au bout de 365 ans, à appeler l'hiver *printemps*, l'été *automne*, et les laboureurs, qui sont plus guidés par le nom du mois ou des saisons pour les semailles que par toute autre chose, voyaient leurs points de repère leur manquer. On a appelé cette espèce d'année l'*année vague*. On voit par là que dans une période de 1500 ans environ, période qu'ils connaissaient et qu'ils appelaient *période sothiaque*, toutes les saisons devaient successivement occuper toutes les places du calendrier.

Numa avait fait compter aux Romains une année lunaire de 355 jours, avec des jours complémentaires qui lui donnaient 365 jours, à partir de la fondation de leur ville. Mais l'an 708 de Rome, Jules César, voyant que les saisons s'étaient déplacées, trouva, aidé par Sosigène, astronome d'Alexandrie, une avance de date de 80 jours. Il fut obligé de faire durer cette année, la 46e avant Jésus-Christ, 445 jours; elle reçut de là le nom d'*année de confusion*.

Pour éviter le retour d'une pareille irrégularité, il eut l'idée de faire tous les quatre ans une année de 366 jours.

Le concile de Nicée conserva cette réforme, et le nom de bissextile donné à chaque quatrième année, établissant que dans ces années-là le jour complémentaire serait placé entre le 23 et le 24 février. D'après ce concile, les années bissextiles sont celles dont le millésime est divisible par 4.

Mais chaque période de quatre années se trouva cette fois trop longue, et les saisons retardaient l'une sur l'autre. Lorsqu'on voulut corriger l'erreur qui s'était produite depuis le concile de Nicée, dans une période de 1257 ans, on trouva qu'on était en retard de 10 jours. En 1582, le pape Grégoire XIII, aidé par le savant Calabrais Lilio, supprima 10 jours et décida que le lendemain du 4 octobre s'appellerait non pas le 5, mais le 15 octobre, et puisque l'erreur avait été à peu près de 3 jours pour quatre siècles, il décida que la dernière année de chaque siècle ne serait bissextile que quand son numéro d'ordre serait divisible par 4. Ainsi l'année 1600, dernière année du seizième siècle, fut bissextile, 1700, 1800, 1900 ne le sont pas, mais 2000 le sera.

Voici comment on peut se rendre compte de ces réformes par le calcul :

Année tropique	365j.,24225
Année vague des Égyptiens	365j.
Retard	0j.,24225
Soit pour 4 ans	0j.,969
Réforme julienne, addition d'un jour	1j.
Avance chaque quatre années	0j.,031
Soit pour 100 ans ou 25 fois 4 ans	0j.,775
Réforme grégorienne, retrancher 1 jour tous les 100 ans	1j.
Retard tous les 100 ans	0j.,225
Soit pour 400 ans	0j.,9
Suite de la réforme grégorienne, addition d'un jour tous les 400 ans	1j.
Avance	0j.,1
Soit pour 4000 ans ou 10 fois 400 ans	1j.

De sorte qu'en complétant la réforme grégorienne par cette règle : que les années 4000, 8000, etc., ne seront pas bissextiles, il y aura, avec une erreur au plus d'un jour au bout de 20000 ans, concordance exacte de l'année civile avec l'année tropique.

Si on veut remarquer que l'expression

$$365\text{j.} + \tfrac{1}{4} - \tfrac{1}{100} + \tfrac{1}{400} - \tfrac{1}{4000},$$

réduite en décimales, donnerait 365j.,24225; on y trouvera l'indication de toutes les réformes que doit subir le calendrier.

365 indique que l'année commune a 365 jours;

$+\frac{1}{4}$ qu'à chaque quatrième année on ajoute 1 jour ou qu'on a l'année bissextile;

$-\frac{1}{100}$ qu'on retranche 1 jour chaque centième année à l'année qui devrait être bissextile, d'après la règle précédente, et qu'on a une année commune;

$+\frac{1}{400}$ que tous les 400 ans on reprend l'année bissextile;

$-\frac{1}{4000}$ que tous les 4000 ans on revient à l'année commune.

Les Russes et les Grecs sont les seuls chrétiens qui n'ont pas encore adopté la réforme grégorienne et qui se trouvent maintenant avoir sur nous un retard de date de 12 jours, puisque, depuis le pape Grégoire, 1700 et 1800 ont été comptés comme bissextiles par eux et non par nous. Aussi dans les correspondances avec ces peuples, on verra indiquer les dates $\frac{17}{29}$ janvier, $\frac{26 \text{ juillet}}{7 \text{ août}}$, c'est-à-dire que le 17 janvier et le 26 juillet des Russes et des Grecs sont pour nous le 29 janvier et le 7 août. Les Russes songent à se mettre d'accord avec nous, et comme moyen simple, pourraient supprimer toutes les années bissextiles à partir de 1860; les dates seraient les mêmes que les nôtres le 1er mars 1908.

Il est vrai que les Russes nous reprochent avec raison une inexactitude dont nous parlerons plus tard; alors, s'ils corrigent la leur, ils prendront le quantième exact, que nous n'avons pas, et nous ne serons pas encore d'accord avec eux.

CXXIX

Division de l'année en mois.

C'est une division duodécimale, qui tient surtout à ce que, selon toute probabilité, la durée d'une révolution complète de la lune autour de la terre, ou plutôt le renouvellement de toutes les phases de la lune durant environ 29 jours $\frac{1}{2}$, a été pris par les premiers hommes pour unité de temps quand ils ont eu besoin d'une unité plus grande que le jour et que la semaine.

S'étant bientôt aperçus qu'une révolution de la terre autour du soleil (du soleil autour de la terre suivant eux) se complétait et ramenait toutes les saisons dans une période comprise entre 12 et 13 lunaisons, ils ont formé une année lunaire de 12 mois, en lui ajoutant quelques jours complémentaires ou en composant, comme les Juifs, une année entre autres de 13 lunaisons, pour faire concorder l'année lunaire avec l'année tropique.

Nous avons 12 mois inégaux, parce que 365 jours ne se divisent pas exactement par 12, et plus inégaux qu'ils ne devraient être à cause d'anciennes coutumes dont l'origine se perd dans la nuit des temps.

Un moyen mécanique de retrouver quels sont les nombres de jours des différents mois, consiste à compter les 7 premiers mois sur les quatre doigts d'une main et dans les intervalles (le pouce excepté), puis les 5 derniers mois en recommençant de la même manière; les mois qui se comptent sur les doigts ont 31 jours, et ceux qui se comptent dans les intervalles n'en ont que 30, excepté février, qui en a 28 ou 29, suivant qu'on est dans une année commune ou dans une année bissextile.

Le calendrier républicain, tout en faisant justice des noms, essentiellement païens de nos mois, qui n'ont guère de raison d'être, a eu le tort de leur donner des noms seulement en rapport avec le climat de la France, et de vouloir introduire le système décimal dans le nombre des jours de la semaine, ce qui ne pouvait pas convenir à des peuples chrétiens.

Voici un tableau qui indique la concordance du calendrier grégorien avec le calendrier républicain, pour servir à ceux qui liront des actes publics écrits de 1793 à 1805, tous datés d'après ce dernier. Il divisait l'année en 12 mois de 30 jours chacun, et ajoutait après le dernier mois cinq jours complémentaires dans les années communes, et six tous les quatre ans, à partir de la fin de l'an III.

PREMIER TABLEAU.

NOMS DES MOIS.	AN II de la République.	AN III.	AN IV.
1er vendémiaire	22 sept. 1793	22 sept. 1794	23 sept. 1795
1er brumaire	22 oct. »	22 oct. »	23 oct. »
1er frimaire	21 nov. »	21 nov. »	22 nov. »
1er nivôse	21 déc. »	21 déc. »	22 déc. »
1er pluviôse	20 janv. 1794	20 janv. 1795	21 janv. 1796
1er ventôse	19 févr. »	19 févr. »	20 févr. »
1er germinal	21 mars »	21 mars »	21 mars »
1er floréal	20 avril »	20 avril »	20 avril »
1er prairial	20 mai »	20 mai »	20 mai »
1er messidor	19 juin »	19 juin »	19 juin »
1er thermidor	19 juill. »	19 juill. »	19 juill. »
1er fructidor	18 août »	18 août »	18 août »
1er jour complémentaire	17 sept. »	17 sept. »	17 sept. »
	5 jours complément.	6 jours.	5 jours.

DEUXIÈME TABLEAU (SUITE).

NOMS DES MOIS.	AN V. de la République.	AN VI.	AN VII	AN VIII.	AN IX.
1er vendémiaire.	22 sept. 1796	22 sept. 1797	22 sept. 1798	23 sept. 1799	23 sept. 1800
1er brumaire. . .	22 oct. »	22 oct. »	22 oct. »	23 oct. »	23 oct. »
1er frimaire. . .	21 nov. »	21 nov. »	21 nov. »	22 nov. »	22 nov. »
1er nivôse. . . .	21 déc. »	21 déc. »	21 déc. »	22 déc. »	22 déc. »
1er pluviôse. . .	20 janv. 1797	20 janv. 1798	20 janv. 1799	21 janv. 1800	21 janv. 1801
1er ventôse. . . .	19 févr. »	19 févr. »	19 févr. »	20 févr. »	20 févr. »
1er germinal. . .	21 mars »	21 mars »	21 mars »	22 mars »	22 mars »
1er floréal. . . .	20 avril »	20 avril »	20 avril »	21 avril »	21 avril »
1er prairial. . . .	20 mai »	20 mai »	20 mai »	21 mai »	21 mai »
1er messidor. . .	19 juin »	19 juin »	19 juin »	20 juin »	20 juin »
1er thermidor. .	19 juill. »	19 juill. »	19 juill. »	20 juill. »	20 juill. »
1er fructidor. . .	18 août »	18 août »	18 août »	19 août »	19 août »
1er jour complémentaire.	17 sept. » 5 jours complément.	17 sept. » 5 jours.	17 sept. » 6 jours.	18 sept. » 5 jours.	18 sept. » 5 jours.

TROISIÈME TABLEAU (SUITE).

NOMS DES MOIS.	AN X. de la République.	AN XI	AN XII	AN XIII.	AN XIV.
1er vendémiaire.	23 sept. 1801	23 sept. 1802	24 sept. 1803	23 sept. 1804	23 sept 1805
1er brumaire. . .	23 oct. »	23 oct. »	24 oct. »	23 oct. »	23 oct. »
1er frimaire. . .	22 nov. »	22 nov »	23 nov. »	22 nov. »	22 nov. »
1er nivôse. . . .	22 déc. »	22 déc. »	23 déc. »	22 déc. »	22 déc. 1805
1er pluviôse. . .	21 janv. 1802	21 janv. 1803	22 janv. 1804	21 janv. 1805	Décret du 22 fructidor an XIII, qui rétablit le calendrier grégorien à partir du 11 nivôse an XIV (1er janvier 1806).
1er ventôse. . . .	20 févr. »	20 févr. »	21 févr. »	20 févr. »	
1er germinal. . .	22 mars »	22 mars »	22 mars »	22 mars »	
1er floréal. . . .	21 avril »	21 avril »	21 avril »	21 avril »	
1er prairial. . . .	21 mai »	21 mai »	21 mai »	21 mai »	
1er messidor. . .	20 juin »	20 juin »	20 juin »	20 juin »	
1er thermidor. .	20 juill. »	20 juill. »	20 juill. »	20 juill. »	
1er fructidor. . .	19 août »	19 août »	19 août »	19 août »	
1er jour complémentaire.	18 sept. » 5 jours complément.	18 sept. » 6 jours.	18 sept. » 5 jours.	18 sept. » 5 jours.	

Nous n'avons pas mis l'an I, parce que aucun acte ne porte cette date; l'usage de ce calendrier n'a commencé que le 22 septembre 1793, premier anniversaire de la proclamation de la république et jour de l'équinoxe d'automne, appelé le premier jour, ou 1er vendémiaire de l'an II.

CXXX

Quel jour de la semaine a été le premier jour de notre ère?

Réponse. Un samedi.

Explication. Nous mentionnerons d'abord que, comme il y a 7 jours dans la semaine, les jours dont les dates diffèrent d'un nombre multiple de 7, portent le même nom; ainsi le 3, le 10, le 17, le 24 et le 31 janvier de la même année sont le même jour de la semaine tous quatre; si le 3 est un mardi, les autres sont aussi des mardis.

Cela étant, si nous nous rappelons que l'année tropique se compose de 365 jours solaires moyens, plus 0,24225 cent-millièmes de jour, avec une erreur moindre que 3 cent-millièmes de jour, puisque notre calendrier actuel a la prétention de concorder de très-près avec l'année tropique, nous sommes sûrs que le 31 décembre 1858 a dans l'ordre des jours, à partir du 1er janvier de notre ère, le numéro :

$$365,24225 \times 1858 = 678620,1005.$$

Ainsi le 31 décembre 1858 est le 678620e jour de notre ère, car l'excédant 0j.,1005 ne se corrigera qu'en 2000, où l'année sera bissextile, 1700, 1800 et 1900 ne l'ayant pas été. La différence de date entre le 1er janvier 1859 et le 1er janvier 1, est donc, exprimée en jours solaires complets (nombre de fois que le soleil s'est levé et couché dans l'intervalle), 678620 jours, nombre qui, divisé par 7, donne le reste 5. Par suite, la différence entre le 3 janvier 1859 et le 1er janvier 1, sera 678622 jours, nombre qui se divise exactement par 7. Or, le 3 janvier 1859 est un lundi; donc le 1er janvier 1 a été un lundi.

Mais suivons pas à pas maintenant le calendrier grégorien et ses réformes; nous verrons que toutes les années, de 1 à 1600 inclusivement, ont été comptées de 365 j., 25 en moyenne, ce qui donne

365,25 × 1600 =	584400j.
Excepté l'année 1582, de laquelle on a retranché 10 jours..................	10
Reste.........	584390j.
Puis les 258 années qui restent pour arriver à 1859, d'accord avec l'année tropique : 365,24225 × 258 =	94232j., 50
Total.........	678622j., 50

Nous voyons par là qu'il s'est écoulé réellement 678622j., 50 — 678620j., 10 = 2j., 40 de plus qu'on n'en compte du 1er janvier 1 au 1er janvier 1859, qui devrait s'appeler 3 janvier, c'est-à-dire qu'au 1er janvier 1859 il y a réellement d'écoulés 678622 jours solaires complets ou 1858 années de 365 j., 24225 et 2 jours depuis le 1er janvier 1. Ce nombre 678622 étant exactement divisible par 7, et le 1er janvier 1859 étant un samedi, le 1er janvier 1 a aussi été un samedi.

Cette erreur du calendrier grégorien vient de ce que la réforme de Grégoire n'a pas eu pour but direct de faire coïncider l'année civile avec l'année tropique, mais surtout de conserver la fête de Pâques où l'avait placée le concile de Nicée en 329. Il a ainsi rétabli la date du 15 octobre 1582 telle qu'elle devait être en supposant celles de l'an 329 justes, ce qui n'était pas vrai, car les années 100, 200 et 300 avaient été mal à propos bissextiles. Les 328 années qui avaient précédé avaient ainsi contenu

365,25 × 328 =	119802j.
Et n'en devaient contenir que : 365,24225 × 328 =	119799j., 46
Différence.......... =	2j., 54

Nous devions retrouver la même différence 2j., 40 que précédemment, si le nombre 365,24225 ne présentait pas une légère erreur que nous multiplions dans le premier cas par 1858, et dans le second seulement par 258.

Ainsi il reste bien acquis que le premier jour de notre ère a été un samedi, et que le 1er janvier 1859 est aussi un samedi, mais qu'il devrait s'appeler 3 janvier 1859.

CXXXI

Une date étant donnée, trouver le jour de la semaine qui y correspond.

On a souvent besoin de savoir à l'avance quel jour de la semaine tombera le quantième d'une année déterminée.

Quand la distance est assez rapprochée, de moins d'une année, par exemple, on peut trouver de tête la réponse à la question, en observant que chaque fois qu'on ajoute ou retranche 7, ou 14, ou 21, ou 28 jours à une date, on tombera sur un jour de même nom que celui où l'on est, puisqu'on ajoute ainsi un nombre exact de semaines.

Exemple I. Aujourd'hui, 25 septembre 1858 est un samedi, quel jour sera le 17 décembre de cette année ?

Septembre a 30 jours, le 23 octobre (28 jours de plus) sera aussi un samedi ; octobre ayant 31 jours, le 20 novembre sera encore un samedi ; les 30 jours de novembre nous reportent au 18 décembre pour un samedi ; le 17 sera donc un vendredi.

Exemple II. Le 3 janvier 1859 étant un lundi, quel jour sera le 24 février 1860 ?

En faisant cette remarque que dans une année commune de 365 jours il y a 52 semaines et un jour, on verra immédiatement que le 3 janvier 1860 est un mardi ; ensuite que le 31 janvier (28 jours plus tard) et le 21 février sont aussi des mardis, par conséquent que le 24 sera un vendredi.

S'il s'agit d'une date quelconque d'histoire, on se servira du tableau suivant :

L'an	1	a commencé par un.....	samedi
	101	—	vendredi.
	201	—	jeudi.

L'an 301 a commencé par un..... mercredi.
401 — ..... mardi.
501 — ..... lundi.
601 — ..... dimanche.
701 — ..... samedi.
801 — ..... vendredi.
901 — ..... jeudi.
1001 — ..... mercredi.
1101 — ..... mardi.
1201 — ..... lundi.
1301 — ..... dimanche.
1401 — ..... samedi.
1501 — ..... vendredi.
Le 15 octobre 1582 a été un... vendredi.
1583 a commencé par un..... samedi.
1601 — ..... lundi.
1701 — ..... samedi.
1801 — ..... jeudi.
1901 commencera par un. ... mardi.
2001 — ..... lundi.

Ce tableau est très-facile à prolonger jusqu'en 4000, car si on réfléchit que dans une période de 400 ans il y a 100 — 3 ou 97 années bissextiles, on trouvera qu'en 400 années civiles il y a

$$365 \times 400 + 97 = 146097 \text{ jours},$$

nombre exactement divisible par 7; c'est-à-dire que les années 1601, 2001, 2401, 2801, 3201, etc., commencent toutes par des lundis.

1701, 2101, 2501, 2901, etc., commencent par des samedis.
1801, 2201, 2601, 3001, etc., par des jeudis.
1901, 2301, 2701, 3101, etc., par des mardis.

Alors, connaissant ce tableau, on cherchera le nombre de jours écoulés jusqu'à la date donnée depuis la date du tableau immédiatement inférieure, on le divisera par 7, et le reste de cette division indiquera le rang du jour de la semaine cherché, à partir du jour indiqué au tableau.

Exemple I. Quel jour a été la Saint-Barthélemy, 24 août 1572?

A partir de 1501, nous compterons :

71 années de 365 jours	....	25915 jours.
Pour 17 années bissextiles	....	17
En 1572 : Janvier	....	31
— Février	....	29
— Mars	....	31
— Avril	....	30
— Mai	....	31
— Juin	....	30
— Juillet	....	31
— Août	....	23
Total	....	26168 jours,

nombre qui, divisé par 7, donne le reste 2. C'est donc deux jours après un vendredi (indiqué au tableau comme le premier jour de 1501), c'est-à-dire un dimanche, qu'on a choisi pour cet infâme massacre.

Exemple II. Quel jour de la semaine sera le 22 septembre 1992?

Nous trouverons, depuis 1901 :

	365 × 91 =	33215 jours.
Pour 22 années bissextiles	....	22
En 1992 : Janvier et février	....	60
— Mars et avril	....	61
— Mai et juin	....	61
— Juillet et août	....	62
— Septembre	....	21
Total	....	33502 jours.

Qui se divise exactement par 7; le 22 septembre 1992 sera donc, comme le 1er janvier 1901, un mardi.

Remarque. On pourrait donner des règles pratiques plus simples, mais elles ne seraient pas générales, et il faudrait les modifier à chaque siècle. On comprend, du reste, que lorsqu'on voudra opérer sur plusieurs dates du même siècle, une date trouvée servira à découvrir le jour de l'autre.

CXXXII

Essai d'un chiffre dans l'extraction d'une racine cubique.

Règle. On fait le triple de la partie trouvée à la racine, on écrit à droite le chiffre à essayer, et on multiplie le nombre ainsi obtenu par ce chiffre. On ajoute aux centaines du produit le triple carré de la partie trouvée à la racine, et on multiplie le résultat par le chiffre à essayer pour retrancher le produit du dernier reste trouvé.

Exemple. $\sqrt[3]{960682827}$.

960.682.827	986	
729		
2316.82	278	2946
194 908.27	8	6
20 975 71	2224	17676
	243	28812
	26524	2898876
	8	6
	212192	17393256
	Essai du 8	Essai du 6

Démonstration. On sait, en effet, que pour extraire cette racine, on doit d'abord chercher $\sqrt[3]{960682}$, qui contient des dizaines et des unités; par conséquent, 980682 contient : 1° le cube des dizaines; 2° le triple produit du carré des dizaines par les unités; 3° le triple produit des dizaines par le carré des unités; 4° le cube des unités. En représentant les dizaines par d et les unités par u, on dira que 960682 contient $d^3 + 3\,d^2\,u + 3\,du^2 + u^3$; mais pour avoir le premier reste 231682, on a déjà retranché 729000 ou d^3;

il n'y a donc plus qu'à retrancher $3d^2u + 3du^2 + u^3$. Or, d vaut 9, et nous voulons essayer si u est 8 ; alors nous écrivons :

278,	c'est-à-dire	....	$3d + u$
8	—	....	u
2224	—	....	$3du + u^2$
24300	—	....	$3d^2$
26524	—	....	$3d^2 + 3du + u^2$
8	—	....	u
212192	—	....	$3d^2u + 3du^2 + u^3$

Ainsi nous obtenons bien les trois parties qui restent à retrancher. Dans l'essai du chiffre suivant, en considérant 98 comme d et 6 comme u, on pourra répéter le même raisonnement.

Avec un peu d'habitude, on n'écrira pas 8 en multiplicateur, et on ajoutera de tête, en faisant le premier produit, le triple carré de 9 ou 243 dans le premier essai, et celui de 98 ou 28812 dans le second. On n'écrira pas non plus le dernier produit, qu'on retranchera immédiatement du reste, comme dans la division, en sorte que tout se réduit à ceci :

Triples carrés { 1° 243 ; 2° 28812

960.682.827	986	
2316.82	278	2946
194908.27	26524	2898876
2097571		

CXXXIII

Propriétés mystérieuses des nombres.

De toutes les fables que les anciens, et Pythagore à leur tête, ont inventées sur les propriétés mystérieuses des nombres 2, 3, 5, 7, etc., il ne nous est resté que les idées ridicules de malheur qui s'attachent au nombre 13.

Quand quelqu'un vous dira : Quel malheur ! nous voilà treize à table! répondez-lui : Quelle chance de n'être pas quatorze; il en mourrait peut-être deux! Car les nombres particuliers 1, 2, 3, etc., que notre esprit conçoit existants en dehors de nous, mais sans individualité propre à chacun d'eux, ne sauraient avoir la moindre influence sur notre monde matériel. Mais le nombre en général, constituant, avec le temps et l'espace, trois individualités mystérieuses, indéfinissables et inséparables, comprises l'une dans l'autre et incompréhensibles l'une sans l'autre ; le nombre, ainsi considéré, force, comme tout ce qui est infini, l'esprit humain à s'incliner, sans se prononcer sur le pouvoir ou l'impuissance de cet être qu'il ne fait que sentir, mais qu'il ne connaît pas.

CXXXIV

Propriétés mathématiques.

Dans un système de numération quelconque, la base de ce système, diminuée de 1, jouit de la même propriété que le nombre 9 de notre système.

Ainsi, dans le système duodécimal, le reste de la division d'un nombre par onze (β) se trouve en ajoutant tous les chiffres du nombre proposé; ainsi :

$9\alpha80\beta674$ donnera 9 et α (dix), 17 (douze-sept), qui donne 8; et 8, 14 (douze-quatre), qui donne 5; et 6, β (onze); ce nombre est divisible exactement par 11, comme on peut le voir par l'opération directe.

$$\begin{array}{l|l} 9\alpha80\beta674 & \beta \\ \cline{2-2} \ 88 & \alpha956608 \\ \quad 50 & \\ \quad\ 5\beta & \\ \qquad 56 & \\ \qquad\ 074 & \\ \cline{1-1} \qquad\ \ 0 & \end{array}$$

Nous avons omis dans l'addition les chiffres 7 et 4, qui font β, et le chiffre β, comme on peut omettre tous les 9 qu'on trouve, lorsqu'il s'agit du nombre 9 de notre système.

Dans le système octaval, le nombre 7 aurait la même propriété; ainsi :

6350426 donnera 6 et 3, 11 (huit-un), qui donne 2; et 5, 7 ou 0; 4 et 2, 6; et 6, 14 (huit-quatre), qui donne 5. Le reste de ce nombre par 7 est 5, comme on peut le voir par cette opération directe.

$\frac{1}{7}$ de six huit-trois est 7 pour six huit-un, reste 2; $\frac{1}{7}$ de deux huit-cinq est 3 exactement; $\frac{1}{7}$ de 0 est 0; $\frac{1}{7}$ de 4 est 0, reste 4; $\frac{1}{7}$ de quatre huit-deux est 4 pour trois huit-quatre, reste 6; $\frac{1}{7}$ de six huit-six est 7 pour six huit-un, reste 5.

$$\frac{6350426}{730047}$$

La démonstration de cette propriété, dans chacun de ces systèmes, ne différerait aucunement de celle que nous avons suivie pour le nombre 9 dans le système décimal.

REMARQUE. On verrait de même que la base augmentée de 1 jouit de la même propriété que notre nombre 11.

CXXXV

Reconnaître, dans quelques cas, qu'un nombre n'a pas de racine carrée exacte.

RÈGLE. Tous les nombres terminés par 2, 3, 7, 8, ou par 5 avec un autre chiffre des dizaines que 2, n'ont pas de racine carrée exacte (ce qui ne veut pas dire que les autres en ont une nécessairement).

Ainsi on peut affirmer à l'avance que 102, 2833, 5867, 4028, 3835, etc., n'ont pas de racine carrée exacte.

DÉMONSTRATION. Si la racine carrée d'un nombre entier est exacte, ce ne peut être qu'un nombre entier; en représentant ses dizaines par d et ses unités par u, le nombre proposé devra se composer des trois parties $d^2 + 2du + u^2$. Les deux premières sont terminées par un zéro au moins; donc la dernière seule peut donner les unités, et si le nombre finit par un 5, les trois parties seront $d^2 + 2d \times 5 + 5^2$ ou $d^2 + 10d + 25$; les deux premières parties seront terminées par deux zéros au moins, et la dernière seule peut donner les dizaines et les unités; donc les carrés des nombres terminés par 1, 2, 3, 4, 5, 6, 7, 8, 9, seront terminés respectivement par 1, 4, 9, 6, 25, 6, 9, 4, 1, et on voit que 2, 3, 7, 8, et les multiples de 5 autres que 25, ne peuvent jamais terminer un carré exact.

Remarque I. Ajoutons que tout nombre terminé par des zéros en a à son carré un nombre double; par suite, que tout nombre terminé par un nombre impair de zéros n'a pas de racine carrée exacte.

Remarque II. On verra de même que tout nombre terminé par un nombre impair de chiffres décimaux, ne saurait être un carré exact, et de plus qu'il n'aura pas de racine carrée exacte si sa partie décimale se termine par un des chiffres 2, 3, 7, 8, ou par un multiple de 5 autre que 25.

Remarque III. On n'a pas autant de données sur les cubes; une démonstration analogue à la précédente prouverait que les cubes exacts peuvent se terminer par un chiffre quelconque, excepté les nombres terminés par des zéros, qui en devront avoir à leur cube 3, ou 6, ou 9, etc., c'est-à-dire un nombre de zéros multiple de 3.

CXXXVI

Tout carré entier est un multiple de 3 ou le devient quand on en retranche une unité.

Ainsi $6^2 = 36$ est un multiple de 3; $7^2 = 49$ n'est pas un multiple de 3, mais $49 - 1 = 48$ en est un.

$8^2 = 64$ n'est pas un multiple de 3, mais $64 - 1 = 63$ en est un.

Démonstration. En effet, tous les nombres entiers sont de la forme $3n$ ou de la forme $3n \pm 1$; les carrés des premiers, de la forme $9n^2$, sont divisibles par 9, et par conséquent par 3; les carrés des autres sont de la forme $9n^2 \pm 6n + 1$; si donc on en retranche 1, on obtient des nombres de la forme $9n^2 \pm 6n$, dont les deux parties sont divisibles par 3.

CXXXVII

Tout carré entier est divisible par 4 ou le devient quand on en retranche une unité.

EXEMPLES.

$6^2 = 36$ est multiple de 4.
$7^2 = 49$ ne l'est pas, mais $49 - 1 = 48$ l'est.

DÉMONSTRATION. Tous les nombres entiers peuvent se représenter par $2n$ pour les nombres pairs, et par $2n + 1$ pour les nombres impairs. Les carrés des premiers, $4n^2$ sont divisibles par 4 ; les carrés des autres, $4n^2 + 4n + 1$, deviennent, quand on retranche 1, $4n^2 + 4n$ et sont divisibles par 4.

CXXXVIII

Tout carré entier est un multiple de 5 ou le devient en l'augmentant ou en le diminuant d'une unité.

EXEMPLES.

$6^2 = 36$ n'est pas multiple de 5, mais $36 - 1 = 35$ l'est.
$7^2 = 49$ ne l'est pas, mais $49 + 1 = 50$ l'est.
$8^2 = 64$ ne l'est pas, mais $64 + 1 = 65$ l'est.
$9^2 = 81$ ne l'est pas, mais $81 - 1 = 80$ l'est.
$10^2 = 100$ est multiple de 5.

DÉMONSTRATION. Tous les nombres entiers sont compris sous une des trois formes $5n$, $5n \pm 1$, $5n \pm 2$; les carrés des premiers, de la forme $25n^2$, sont multiples de 5 ; ceux des deuxièmes, $25n^2 \pm 10n + 1$, le deviennent en retranchant 1 ; ceux des derniers, $25n^2 \pm 20n + 4$, deviennent, en ajoutant 1, $25n^2 \pm 20n + 5$, et toutes leurs parties sont divisibles par 5.

CXXXIX

Tout carré entier impair, diminué de 1, est un multiple de 8.

EXEMPLES.

$3^2 = 9$, $9 - 1 = 8$ est multiple de 8.
$5^2 = 25$, $25 - 1 = 24$ est multiple de 8.
$7^2 = 49$, $49 - 1 = 48$ est multiple de 8.

DÉMONSTRATION. Tous les nombres impairs sont compris dans la formule $4n \pm 1$, et leurs carrés dans celle-ci : $16n^2 \pm 8n + 1$; si on en retranche 1, on obtient $16n^2 \pm 8n$, dont les deux parties sont divisibles par 8.

REMARQUE. Nous avons négligé dans toutes ces démonstrations le nombre 1 ; mais son carré est 1, qui, diminué de 1, donne 0, et 0 est exactement divisible par tous les nombres imaginables, en donnant pour quotient 0.

CXL

Toute puissance de nombres terminés par 5 ou par 6, finit nécessairement par 5 ou par 6.

Parce que les chiffres 5 et 6 des unités se reproduisent toujours dans les multiplications successives.

CXLI

De deux nombres, ou l'un d'eux, ou leur somme, ou leur différence, est un multiple de 3.

EXEMPLES.

8 et 7 donnent la somme 15, multiple de 3.
17 et 11 donnent la différence 6, multiple de 3.

DÉMONSTRATION. Tous les nombres peuvent se ranger sous l'une des trois formes $3n$, $3n + 1$, $3n - 1$. Si un des nombres donné est de la première forme, la proposition est évidente ; s'ils sont tous deux de la deuxième ou tous deux de la troisième, leur différence sera divisible par 3, car elle est de la forme $3n$; si enfin un est de la deuxième et l'autre de la troisième, leur somme sera un multiple de 3.

CXLII

Des nombres premiers.

A quoi reconnaît-on qu'un nombre est premier?

Règle. On reconnaît qu'un nombre est premier en constatant qu'il n'est divisible par aucun des nombres premiers successifs 2, 3, 5, 7..., inférieurs à sa racine carrée.

Exemple. 79, qui n'est divisible par aucun des nombres 2, 3, 5, 7, est un nombre premier.

Démonstration. En effet, 79 étant plus petit que 11 fois 11, pour qu'il fût divisible par 11 ou 13, etc., il faudrait qu'il fût également divisible par le quotient de la division, qui serait plus petit que 11, ce qui n'est pas possible, tous les nombres premiers inférieurs à 11 ayant été essayés.

CXLIII

Crible d'Ératosthènes.

On nomme ainsi un tableau qui contient tous les nombres premiers jusqu'à une limite donnée. Voici la manière la plus utile de présenter ce tableau :

On écrit comme indiquant les unités, dans une première tranche horizontale, les chiffres impairs 1, 3, 5, 7, 9; puis, dans une première colonne verticale, les nombres indiquant les dizaines, 0, 1, 2, 3, etc., jusqu'à la limite donnée. On écrit en dehors de la table le nombre premier 2, dont tous les multiples sont supprimés; la première tranche horizontale est ainsi supposée contenir dans ses cases les nombres impairs de 0 à 10; la deuxième, les nombres impairs de 10 à 20 : la troisième, ceux de 20 à 30, etc.

Alors, les multiples de 2 étant supprimés, il n'y a plus que des nombres premiers jusqu'à 9, carré de 3; on écrit dans la case de 9 et dans les cases qui se succèdent de 3 en 3, à partir de celle-là, le nombre 3 comme étant le plus petit diviseur de tous les nombres désignés par ces cases. Ensuite, à partir de 25, on écrit dans toutes les cases qui se succèdent de 5 en 5 le nombre 5; on fait de même pour 7, à partir de 49; pour 11 à partir de 121, etc. Les cases qui restent vides appartiennent aux nombres premiers, qu'on peut ensuite écrire à l'encre rouge.

On conçoit que cette table, outre qu'elle donne les nombres premiers, offre un moyen de trouver très-rapidement tous les diviseurs premiers d'un nombre non premier, et qu'elle est d'une grande utilité pour la décomposition d'un nombre en ses facteurs premiers, la recherche du plus petit commun multiple, etc.

On peut, du reste, la continuer aussi loin qu'on veut.

	1	3	5	7	9		1	3	5	7	9
0	.				3	13		7	3		
1			3			14	3	11	5	3	
2	3		5	3		15		3	5		3
3		3	5		3	16	7		3		13
4			3		7	17	3		5	3	
5	3		5	3		18		3	5	11	3
6		3	5		3	19			3		
7			3	7		20	3	7	5	3	11
8	3		5	3		21		3	5	7	3
9	7	3	5		3	22	13		3		
10			3			23	3		5	3	
11	3		5	3	7	24		3	5	13	3
12	11	3	5		3	25		11	3		7

SUITE DU TABLEAU PRÉCÉDENT.

	1	3	5	7	9		1	3	5	7	9
26	3		5	3		38	3		5	3	
27		3	5		3	39	17	3	5		3
28			3	7	17	40		13	3	11	
29	3		5	3	13	41	3	7	5	3	
30	7	3	5		3	42		3	5	7	3
31			3		11	43			3	19	
32	3	17	5	3	7	44	3		5	3	
33		3	5		3	45	11	3	5		3
34	11	7	3			46			3		7
35	3		5	3		47	3	11	5	3	
36	19	3	5		3	48	13	3	5		3
37	7		3	13		49		17	3	7	

CXLIV

Tous les nombres premiers, excepté 2 et 3, sont de la forme $6n \pm 1$.

C'est-à-dire qu'on trouvera tous les nombres premiers dans la suite, 5, 7, 11, 13, 17, 19, 23, 25... des multiples de 6, augmentés ou diminués de 1, en supprimant ceux de cette suite qui ne sont pas premiers.

DÉMONSTRATION. En effet, tous les nombres entiers possibles sont compris dans une des quatre formules $6n$, $6n \pm 1$, $6n \pm 2$, $6n \pm 3$; ceux de la quatrième forme sont divisibles par 3 ; ceux de la deuxième par 2; ceux de la première par 6, c'est-à-dire par 3 et par 2; en même temps, les nombres premiers, dont aucun (excepté 2 et 3 n'est divisible ni par 2 ni par 3, sont donc tous compris dans la deuxième formule $6n \pm 1$.

CXLV

Formation des carrés par la méthode des différences.

DÉMONSTRATION. Si on considère les carrés de trois nombres entiers consécutifs a^2, $(a+1)^2$, $(a+2)^2$, on trouvera, entre le carré du troisième et le carré du deuxième, la différence

$$a^2 + 4a + 4 - a^2 - 2a - 1 = 2a + 3,$$

et entre le carré du deuxième et celui du premier, la différence

$$a^2 + 2a + 1 - a^2 = 2a + 1\,;$$

par suite, la nouvelle différence entre ces deux différences sera :

$$2a + 3 - 2a - 1 = 2.$$

Ainsi, la dernière différence trouvée par ce moyen est toujours 2, quels que soient les nombres, car a représente tous les nombres entiers possibles.

RÈGLE. On calculera directement les carrés de deux nombres entiers consécutifs et la différence entre ces carrés; en ajoutant 2 à cette différence et le résultat au carré du deuxième nombre, on aura le carré du nombre suivant, et, en continuant de la même manière, on formera ce tableau :

NOMBRES	CARRÉS	DIFFÉRENCES 1res	DIFFÉRENCES 2es
12	144	25	2
13	169	27	2
14	196	29	2
15	225	31	2
16	256	33	2
17	289	35	2
18	324	37	
19	361		

En ajoutant successivement le nombre de la quatrième colonne, qui est constamment 2, au nombre voisin de la deuxième, et le résultat au carré voisin de la première colonne.

CXLVI

Formation des cubes par la méthode des différences.

Les cubes de quatre nombres consécutifs quelconques sont respectivement :

$$(a+3)^3 = a^3+9a^2+27a+27.$$
$$(a+2)^3 = a^3+6a^2+12a+8.$$
$$(a+1)^3 = a^3+3a^2+3a+1.$$
$$a^3 = a^3.$$

Les différences successives de ces cubes entre eux sont :

$$a^3+9a^2+27a+27-a^3-6a^2-12a-8=3a^2+15a+19.$$
$$a^3+6a^2+12a+8-a^3-3a^2-3a-1=3a^2+9a+7.$$
$$a^3+3a^2+3a+1-a^3=3a^2+3a+1.$$

Les différences successives entre ces différences sont :

$$3a^2+15a+19-3a^2-9a-7=6a+12.$$
$$3a^2+9a+7-3a^2-3a-1=6a+6.$$

Et la différence de ces deux dernières est :

$$6a+12-6a-6=6.$$

Nous pourrons donc établir le tableau suivant :

NOMBRES	CUBES	DIFFÉRENCES 1res	DIFFÉRENCES 2es	DIFFÉRENCES 3es
10	1000	331	66	6
11	1331	397	72	6
12	1728	469	78	6
13	2197	547	84	6
14	2744	631	90	6
15	3375	721	96	6
16	4096	817	102	6
17	4913	919	108	6
18	5832	1027	114	
19	6859	1141		
20	8000			

Remarque. En général, on formera les puissances d'autant de nombres entiers consécutifs qu'on voudra ; en calculant directement les puissances d'autant de nombres entiers consécutifs plus un, qu'il y a d'unités dans le degré de la puissance qu'on veut obtenir ; ces puissances serviront à trouver les différences premières, celles-ci les différences secondes, etc., jusqu'à la dernière, qui se répète constamment, et en ajoutant, comme on l'a fait déjà, ce nombre constant au voisin à gauche, le résultat au nombre voisin à gauche, et ainsi de suite, on trouvera les puissances demandées.

On peut ainsi faire le tableau suivant des cinquièmes puissances des nombres entiers, en calculant seulement jusqu'à la cinquième puissance de 5.

NOMBRES	5es PUISSANCES	DIFFÉRENCES 1res	DIFFÉRENCES 2es	DIFFÉRENCES 3es	DIFFÉRENCES 4es	DIFFÉRENCES 5es
0	0	1	30	150	240	120
1	1	31	180	390	360	120
2	32	211	570	750	480	120
3	243	781	1320	1230	600	120
4	1024	2101	2550	1830	720	120
5	3125	4651	4380	2550	840	120
6	7776	9031	6930	3390	960	
7	16807	15961	10320	4350		
8	32768	26281	14670			
9	59049	40951				
10	100000					

Et on pourrait continuer ce tableau aussi loin qu'on voudrait.

CXLVII

Des arrangements.

On appelle arrangements, de 10 objets 4 à 4 par exemple, les différentes manières dont on peut grouper 4 de ces 10 objets de façon que deux groupes quelconques diffèrent soit par un ou plusieurs objets, soit par l'ordre dans lequel ils sont placés.

Ainsi, avec 3 des 5 premiers chiffres impairs, 1, 3, 5, 7, 9, on peut former tous les nombres de 3 chiffres suivants :

135	315	513	713	913
137	317	517	715	915
139	319	519	719	917
153	351	531	731	931
157	357	537	735	935
159	359	539	739	937

173	371	571	751	951
175	375	573	753	953
179	379	579	759	957
193	331	591	791	971
195	395	593	793	973
197	397	597	795	975

Et on voit ainsi qu'il y a 60 arrangements de 5 objets 3 à 3.

RÈGLE. Pour trouver le nombre des arrangements de m objets n à n, on fait le produit du nombre total des objets par les nombres entiers inférieurs consécutifs, jusqu'à ce qu'on ait autant de facteurs qu'on veut d'objets dans chaque groupe.

EXEMPLE I. *Combien de rubans de 4 couleurs peut-on faire avec les 7 couleurs primitives : violet, indigo, bleu, vert, jaune, orangé, rouge?*

On veut 4 couleurs dans chaque ruban ; il faudra faire le produit des quatre facteurs :

$$7 \times 6 \times 5 \times 4 = 840 \text{ rubans différents.}$$

EXEMPLE II. *On veut faire marcher 4 de front 12 soldats d'armes différentes; de combien de manières peut-on disposer les 4 premiers?*

Le premier facteur sera le nombre total 12, et il y en aura aussi quatre :

$$12 \times 11 \times 10 \times 9 = 11880 \text{ manières.}$$

EXEMPLE III. *Combien de nombres différents de 3 chiffres peut-on faire avec les 5 premiers chiffres impairs?*

Ici il ne faudra que trois facteurs :

$$5 \times 4 \times 3 = 60.$$

DÉMONSTRATION. Supposons, pour fixer les idées, qu'il s'agisse des 5 lettres du mot *paris* ; si on veut les arranger une à une, il est évident qu'on trouvera les cinq arrangements

$$p,\ a,\ r,\ i,\ s.$$

Si à la droite du premier de ces arrangements p, on écrit successivement chacune des quatre autres lettres, on aura 4 arrangements des 5 lettres deux à deux :

$$pa,\ pr,\ pi,\ ps.$$

Si à la suite du deuxième arrangement a, on écrit successivement chacune des quatre lettres restantes ; on aura encore 4 autres arrangements de 5 lettres deux à deux :

$$ap,\ ar,\ ai,\ as.$$

Ainsi, chacun des 5 arrangements une à une fournissant 4 arrangements deux à deux, on a en tout 5×4 ou 20 arrangements deux à deux.

Si de même on prend un de ces 20 arrangements deux à deux *pa*, et qu'à sa droite on écrive successivement chacune des trois lettres qui restent, on aura chaque fois un arrangement des 5 lettres primitives trois à trois :

$$par,\ pai,\ pas.$$

Chacun des 20 arrangements deux à deux en fournissant ainsi 3, on aura donc

$$20 \times 3, \text{ ou } 5 \times 4 \times 3$$

arrangements des 5 lettres trois à trois, et ainsi de suite. Il y a bien trois facteurs, 5, 4, 3, nombre de facteurs égal à celui des lettres qu'on veut dans chaque groupe. On voit sans peine qu'on raisonnerait de même sur de plus grands nombres.

FORMULE GÉNÉRALE.

$$m\ (m-1)\ (m-2) \ldots\ldots\ (m-n+1),$$

m étant le nombre des objets et n le nombre d'objets qu'on veut dans chaque groupe.

CXLVIII

Des permutations.

On appelle permutations, de 4 objets, par exemple, les différentes manières de placer ces 4 objets les uns à la suite des autres, de façon à ce que deux dispositions quelconques diffèrent par l'ordre de ces objets.

Ainsi, avec les quatre chiffres pairs 2, 4, 6, 8, on peut écrire tous les nombres suivants :

2468	4268	6248	8246
2486	4286	6284	8264
2648	4628	6428	8426
2684	4682	6482	8462
2846	4826	6824	8624
2864	4862	6842	8642

Et on a ainsi 24 permutations de 4 objets.

RÈGLE. Pour trouver le nombre des permutations de m objets, on fera le produit de tous les nombres entiers, depuis 1 jusqu'au nombre total de ces objets.

EXEMPLE I. *Combien de rubans de 7 couleurs peut-on faire avec les couleurs de l'arc-en-ciel?*

$$1 \times 2 \times 3 \times 4 \times 5 \times 6 \times 7 = 5040 \text{ rubans.}$$

EXEMPLE II. *De combien de manières peut-on disposer de front 12 soldats d'armes différentes?*

$$1 \times 2 \times 3 \times 4 \times 5 \times 6 \times 7 \times 8 \times 9 \times 10 \times 11 \times 12 = 479001600 \text{ manières.}$$

EXEMPLE III. *Combien de nombres différents peut-on former avec les quatre chiffres pairs 2, 4, 6, 8?*

$$1 \times 2 \times 3 \times 4 = 24 \text{ nombres différents.}$$

DÉMONSTRATION. On voit suffisamment, par la définition et par l'exemple qui la suit, que les permutations de quatre objets ne sont autre chose que les arrangements de ces quatre objets quatre à quatre, que les permutations de m objets ne sont autre chose que les arrangements de ces m objets m à m, en général. Et puisque, pour calculer les arrangements, on doit prendre autant de facteurs qu'on veut d'objets dans chaque groupe, il faudra, pour obtenir les permutations, prendre autant de facteurs qu'il y a d'objets.

FORMULE GÉNÉRALE.

$$1 \times 2 \times 3 \times 4 \ldots\ldots \times n,$$

n étant le nombre total des objets.

CXLIX

Des combinaisons.

On appelle combinaisons ou produits différents de 5 objets trois à trois par exemple, les différentes manières dont on peut grouper trois de ces 5 objets, de manière que deux groupes quelconques diffèrent au moins par un des objets qui y entrent.

Ainsi, tous les produits différents qu'on peut former avec trois des cinq premiers chiffres impairs : 1, 3, 5, 7, 9, sont :

$$\begin{array}{ll} 1 \times 3 \times 5 = 15 & 1 \times 7 \times 9 = 63 \\ 1 \times 3 \times 7 = 21 & 3 \times 5 \times 7 = 105 \\ 1 \times 3 \times 9 = 27 & 3 \times 5 \times 9 = 135 \\ 1 \times 5 \times 7 = 35 & 3 \times 7 \times 9 = 189 \\ 1 \times 5 \times 9 = 45 & 5 \times 7 \times 9 = 315 \end{array}$$

De même, tous les nombres de trois chiffres, et différant au moins par un chiffre, qu'on peut former avec les cinq mêmes nombres, sont :

135	139	159	357	379
137	157	179	359	579

Et on a ainsi 10 combinaisons de 5 objets trois à trois.

Règle. Pour calculer le nombre de combinaisons de m objets n à n, on cherche d'abord le nombre des arrangements du même nombre d'objets, comme il a été dit, et on divise le résultat par le produit des nombres entiers, depuis 1 jusqu'au nombre d'objets qu'on veut dans chaque groupe. (Il y aura donc autant de facteurs au dénominateur qu'au numérateur.)

Exemple I. *Le cuisinier d'un navire ayant 12 sortes de mets à sa disposition, doit fournir chaque jour au capitaine et aux passagers 2 repas de 5 plats chacun; combien de jours peut durer la traversée sans qu'il soit obligé de servir deux fois identiquement les mêmes plats?*

$$\frac{12 \times 11 \times 10 \times 9 \times 8}{1 \times 2 \times 3 \times 4 \times 5} = 11 \times 9 \times 8 = 792 \text{ repas}$$

ou 396 jours.

Exemple II. *Combien de jeux différant au moins par une carte peut-on donner à son adversaire à l'écarté?*

On donne 5 cartes d'un jeu de 32 cartes, on a donc à calculer combien il y a de combinaisons de 32 cartes cinq à cinq.

$$\frac{32 \times 31 \times 30 \times 29 \times 28}{1 \times 2 \times 3 \times 4 \times 5} = 32 \times 31 \times 29 \times 7 = 201376$$

Démonstration. L'exercice que nous avons fait en cherchant tous les nombres de trois chiffres et différant au moins par un chiffre qu'on peut écrire avec les cinq premiers chiffres impairs (ou les combinaisons de cinq objets trois à trois), comparé avec celui où on cherche tous les différents nombres de trois chiffres qu'on peut faire avec ces cinq premiers chiffres, c'est-à-dire les arrangements de cinq objets trois à trois, fait suffisamment voir que, si dans chaque combinaison de ces objets on fait toutes les permutations possibles, on trouve tous les arrangements. En d'autres termes, le nombre des arrangements de 5 objets trois à trois, est égal au nombre des combinaisons de ces mêmes objets trois à trois multiplié par le nombre des permutations de trois objets.

Réciproquement, le nombre des combinaisons de 5 objets trois à trois, sera égal au nombre des arrangements de ces 5 objets trois à trois, divisé par le nombre des permutations de trois objets.

FORMULE GÉNÉRALE.

$$\frac{m(m-1)(m-2)\ldots(m-n+1)}{1\times 2\times 3\times\ldots\times n},$$

m étant le nombre total des objets, et n le nombre d'objets qu'on veut dans chaque combinaison.

Remarque. La formule des permutations est celle dont la valeur croît le plus rapidement avec le nombre des objets qu'on veut permuter.

Nous avons déjà vu que 7 objets peuvent se permuter de 5040, et 12 objets de 479001600 manières. Si donc on voulait trouver de combien de manières on peut permuter les 25 lettres de l'alphabet, par exemple, il faudrait multiplier

$$479001600\times 13\times 14\times 15\times\ldots\times 25,$$

et on trouverait, pour les 25 lettres, le nombre suivant, qui ne s'énonce plus :

15 511 210 043 330 985 984 000 000 manières.

En supposant donc qu'une page de papier écolier contienne 50 de ces arrangements, la feuille en contiendra 200, la main 5000; cette main ayant une épaisseur de $\frac{1}{2}$ centimètre ou $\frac{1}{200}$ du mètre, dans une épaisseur de 1 mètre on aura 1 000 000 d'arrangements. On trouvera donc que les mains de papier contenant tous ces arrangements, posées à plat l'une sur l'autre, formeraient une colonne de

3 877 802 510 832 746 lieues,

environ 4 millions de milliards de lieues, environ 100 millions de fois la distance de la terre au soleil.

CL

Somme des n premiers nombres entiers.

Règle. On multiplie le dernier de ces nombres par le nombre entier suivant, et on prend la moitié du résultat.

Démonstration. On voit en arithmétique que quand un nombre augmente de 1, son carré augmente de deux fois ce nombre plus 1, c'est-à-dire qu'on a successivement

$$2^2 = 1 + 2 \times 1 + 1$$
$$3^2 = 2^2 + 2 \times 2 + 1$$
$$4^2 = 3^2 + 2 \times 3 + 1$$
$$5^2 = 4^2 + 2 \times 4 + 1$$
$$\cdots$$
$$(n+1)^2 = n^2 + 2 \times n + 1$$

En ajoutant toutes ces égalités, on observera que 2^2, 3^2, $\ldots n^2$ se trouvant de part et d'autre du signe *égale*, peuvent se supprimer; et on aura :

$$(n+1)^2 = 1 + 2 \text{ fois } (1 + 2 + 3 + 4 + \ldots + n) + n \text{ fois } 1,$$

ou en désignant $1 + 2 + 3 + 4 + \ldots + n$, c'est-à-dire la somme cherchée des n premiers nombres par s_1 :

$$(n+1)^2 = 1 + 2s_1 + n$$
$$2s_1 = (n+1)^2 - n - 1$$
$$2s_1 = n^2 + 2n + 1 - n - 1 = n^2 + n = n(n+1)$$
$$s_1 = \frac{n(n+1)}{2}$$

Exemple. La somme des 20 premiers nombres s'obtiendra en faisant dans cette formule $n = 20$:

$$s_1 = \frac{20 \times 21}{2} = 10 \times 21 = 210,$$

comme on peut s'en assurer par l'addition pure et simple.

REMARQUE. On aurait pu arriver plus facilement à ce résultat en considérant cette somme comme la somme des termes de la progression arithmétique

$$\div 1.2.3.4\ldots n,$$

pour laquelle on aurait trouvé la somme $n+1$ des termes extrêmes multipliée par la moitié du nombre des termes ou $\frac{n}{2}$:

$$s_1 = (n+1)\frac{n}{2} = \frac{n(n+1)}{2},$$

mais nous avons préféré la donner de l'autre manière, parce qu'ainsi on comprendra plus facilement le problème suivant.

CLI

Somme des carrés des *n* premiers nombres entiers.

RÈGLE. On multiplie le dernier de ces nombres par le nombre entier suivant, le résultat par le double plus 1 du premier nombre, et on divise le résultat par 6.

DÉMONSTRATION. On voit encore en arithmétique que quand un nombre augmente de 1, son cube augmente de trois fois le carré de ce nombre, plus trois fois ce nombre plus 1.

On aura donc successivement :

$$\begin{aligned}
2^3 &= 1^3 + 3 \times 1^2 + 3 \times 1 + 1 \\
3^3 &= 2^3 + 3 \times 2^2 + 3 \times 2 + 1 \\
4^3 &= 3^3 + 3 \times 3^2 + 3 \times 3 + 1 \\
5^3 &= 4^3 + 3 \times 4^2 + 3 \times 4 + 1 \\
&\ldots \\
(n+1)^3 &= n^3 + 3 \times n^2 + 3 \times n + 1
\end{aligned}$$

En ajoutant toutes ces égalités membre à membre et observant que 2^3, 3^3, 4^3, ... n^3, se détruisent de part et d'autre ; on aura :

$$(n+1)^3 = 1 + 3 \text{ fois } (1^2 + 2^2 + 3^2 + \ldots + n^2) \\ + 3 \text{ fois } (1 + 2 + 3 + \ldots + n) + n \text{ fois } 1$$

Désignant par s_2 la somme cherchée des carrés, et par s_1 la somme trouvée dans le problème précédent, il vient :

$$(n+1)^3 = 1 + 3s_2 + 3s_1 + n$$
$$3s_2 = (n+1)^3 - 3s_1 - n - 1$$
$$3s_2 = (n+1)^3 - \frac{3n(n+1)}{2} - n - 1$$
$$6s_2 = 2(n+1)^3 - 3n(n+1) - 2(n+1)$$
$$6s_2 = (n+1)\,[2(n+1)^2 - 3n - 2]$$
$$6s_2 = (n+1)\,(2n^2 + 4n + 2 - 3n - 2)$$
$$6s_2 = (n+1)\,(2n^2 + n) = n(n+1)(2n+1)$$
$$s_2 = \frac{n(n+1)(2n+1)}{6}$$

Exemple. La somme des carrés des 10 premiers nombres sera, en remplaçant dans cette formule n par 10 :

$$s_2 = \frac{10 \times 11 \times 21}{6} = 5 \times 11 \times 7 = 385$$

CLII

Calcul des piles de boulets.

1° Pile a base carrée.

Cette pile commence par 1 boulet au sommet, soutenu par une tranche carrée de 2 boulets de côté, lesquels reposent sur les interstices des boulets de la tranche inférieure, carré de 3 boulets de côté, et ainsi de suite ; en sorte que, si la pile est composée de n tranches superposées, la première en contient 1, la deuxième 4, la troisième 9, etc., et le nombre total des boulets de la pile sera :

$$1 + 2^2 + 3^2 + 4^2 + \ldots + n^2 = \frac{n(n+1)(2n+1)}{6}$$

Ainsi, quand vous verrez une pile de boulets à base carrée, vous compterez le nombre des boulets d'un des côtés de la base, ce sera aussi le nombre des tranches, et si vous trouvez, par exemple, 17 boulets, vous aurez :

$$\frac{17 \times 18 \times 35}{6} = 17 \times 3 \times 35 = 1785 \text{ boulets.}$$

2° Pile a base triangulaire.

Elle commence aussi par 1 boulet, reposant sur une tranche formée d'un triangle équilatéral de 2 boulets de côté ; celle-ci est soutenue par un autre triangle équilatéral de 3 boulets de côté, etc.

Considérons la dernière tranche, de n boulets de côté, c'est un triangle équilatéral composé de n lignes de boulets ; celle du sommet en a 1, la suivante 2, la suivante 3, etc., et la dernière n; par conséquent, le nombre total des boulets de cette tranche est :

$$1 + 2 + 3 + 4 + \ldots + n = \frac{n(n+1)}{2} = \frac{n^2 + n}{2} = \tfrac{1}{2} n^2 + \tfrac{1}{2} n$$

L'avant-dernière tranche contiendra de même :

$$1 + 2 + 3 + 4 + \ldots + (n-1) = \frac{(n-1) \times n}{2} = \frac{(n-1)^2 + (n-1)}{2} = \tfrac{1}{2}(n-1)^2 + \tfrac{1}{2}(n-1)$$

La 4ᵉ, la 3ᵉ, la 2ᵉ et la 1ʳᵉ tranche en contiendront respectivement :

$$1 + 2 + 3 + 4 = \frac{4(4+1)}{2} = \frac{4^2 + 4}{2} = \tfrac{1}{2} 4^2 + \tfrac{1}{2} 4$$

$$1 + 2 + 3 = \frac{3(3+1)}{2} = \frac{3^2 + 3}{2} = \tfrac{1}{2} 3^2 + \tfrac{1}{2} 3$$

$$1 + 2 = \frac{2 + (2+1)}{2} = \frac{2^2 + 2}{2} = \tfrac{1}{2} 2^2 + \tfrac{1}{2} 2$$

$$1 = \quad = \quad = \tfrac{1}{2} 1^2 + \tfrac{1}{2} 1$$

Ensemble :

$$\tfrac{1}{2}(1^2+2^2+3^2+4^2+\ldots+n^2)+\tfrac{1}{2}(1+2+3+4+\ldots+n)=$$

$$\tfrac{1}{2}\times\frac{n(n+1)(2n+1)}{6}+\tfrac{1}{2}\times\frac{n(n+1)}{2}=$$

$$\frac{n(n+1)(2n+1)+3n(n+1)}{12}=$$

$$\frac{n(n+1)(2n+4)}{12}=\frac{n(n+1)(n+2)}{6}$$

Pour calculer une pile de boulets à base triangulaire, vous compterez le nombre des boulets d'un côté de la base, ce sera aussi le nombre des tranches, et pour 17 boulets de côté, par exemple, la formule vous donnera :

$$\frac{17\times18\times19}{6}=17\times3\times19=969 \text{ boulets.}$$

3° Pile a base rectangulaire.

Elle est terminée à sa partie supérieure par une file de boulets dont nous représenterons le nombre par . . . . $p + 1$

Cette file est soutenue par deux autres, contenant chacune un boulet de plus que la première, ou $2(p+2)$, ou. . . . . $2p + 2^2$

Ces deux files reposent sur une troisième tranche contenant trois files de chacune $p+3$ boulets. . . . . . . $3p + 3^2$

Et ainsi de suite jusqu'à la dernière, qui en contiendra $np + n^2$

En ajoutant, on trouvera :

$$p(1+2+3+4+\ldots+n)+1^2+2^2+3^2+4^2+\ldots+n^2$$

$$p \times \frac{n(n+1)}{2} + \frac{n(n+1)(2n+1)}{6}$$

$$\frac{3p \times n(n+1) + n(n+1)(2n+1)}{6}$$

$$\frac{n(n+1)(3p+2n+1)}{6}$$

Pour évaluer le nombre des boulets contenus dans une pile à base rectangulaire, vous compterez le nombre des boulets de la file supérieure et vous le diminuerez de 1; vous aurez ainsi le nombre p. Vous compterez ensuite le nombre des tranches, ou, ce qui revient au même, vous regarderez à la base le nombre des boulets du côté perpendiculaire à la direction de la file supérieure; c'est ordinairement le plus petit côté de cette base; vous aurez le nombre n. Supposez qu'on trouve 10 boulets à la file supérieure, et 17 tranches; vous prendrez $p = 9$, et $n = 17$, et vous aurez pour le nombre des boulets, d'après la formule :

$$\frac{17 \times 18(27+34+1)}{6} = \frac{17 \times 18 \times 62}{6} = 17 \times 3 \times 62 = 3162 \text{ boul.}$$

CLIII

Trouver la surface d'un triangle sans mesurer sa hauteur, connaissant seulement les longueurs des trois côtés.

FORMULE A SUIVRE. Surface $= \sqrt{p(p-a)(p-b)(p-c)}$.

RÈGLE. On prendra les trois côtés, que nous désignerons par les lettres a, b, c; supposons que ces trois côtés sont 12 m., 18 m., 24 m., on en fera la somme 54 m., et on prendra la moitié de cette somme, 27 m. ; c'est cette moitié qu'on désigne par p. . $p = 27$

Retranchant le premier côté 12 de 27, on aura le résultat 15, qui sera la valeur de... .... $p - a = 15$

Retranchant de 27 le second côté 18, on aura la différence 9, qui appartiendra à.................... $p - b = 9$

Retranchant enfin le troisième côté 24 de 27, il viendra 3, valeur de............ ,............... $p - c = 3$

On fera alors le produit :

$$p(p-a)(p-b)(p-c) = 27 \times 15 \times 18 \times 3 = 21870$$

On prendra

$$\sqrt{21870} = 147,8850,$$

et on trouvera ainsi pour la surface du triangle :

147 m. car., 88 décim. car., 50 cent. car.

DÉMONSTRATION. On trouve dans tous les traités de géométrie élémentaire la démonstration de ce principe :

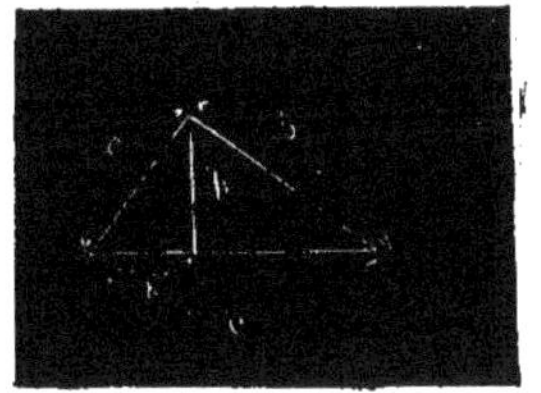

Le carré b^2 du côté opposé à un angle aigu d'un triangle, est égal à la somme des carrés $a^2 + c^2$ des deux autres côtés, moins le double d'un de ces côtés $2a$, multiplié par la projection de l'autre côté sur lui. Cette projection est ici appelée k; nous aurons donc :

$$b^2 = a^2 + c^2 - 2ak.$$

On déduit de là :

$$k = \frac{a^2 + c^2 - b^2}{2a}; \quad k^2 = \frac{(a^2+c^2-b^2)^2}{4a^2}.$$

Or, en appelant h la hauteur du triangle, $h^2 = c^2 - k^2$; donc

$$h^2 = c^2 - \frac{(a^2+c^2-b^2)^2}{4a^2} = \frac{4a^2c^2 - (a^2+c^2-b^2)^2}{4a^2} =$$

$$= \frac{(2ac)^2 - (a^2+c^2-b^2)^2}{4a^2}.$$

Mais l'algèbre enseigne que la différence de deux carrés est égale à la somme de leurs racines multipliée par la différence de ces mêmes racines; par conséquent

$$h^2 = \frac{(2ac + a^2 + c^2 - b^2)(2ac - a^2 - c^2 + b^2)}{4a^2}$$

$$= \frac{[(2ac + a^2 + c^2) - b^2]\,[b^2 - (a^2 + c^2 - 2ac)]}{4a^2}$$

$$= \frac{[(a+c)^2 - b^2]\,[b^2 - (a-c)^2]}{4a^2}$$

Chaque parenthèse étant encore la différence de deux carrés, on aura :

$$h^2 = \frac{(a+c+b)\ (a+c-b)\ (b+a-c)\ (b-a+c)}{4a^2}$$

Si on représente $a+c+b$ par $2p$, on aura successivement :

$$a+c=2p-b, \text{ et } a+c-b=2p-2b=2(p-b)$$
$$b+a=2p-c, \text{ et } b+a-c=2p-2c=2(p-c)$$
$$b+c=2p-a, \text{ et } b-a+c=2p-2a=2(p-a)$$

Par suite :

$$h^2 = \frac{2p\times2(p-b)\times2(p-c)\times2(p-a)}{4a^2} =$$

$$\frac{16p(p-a)(p-b)(p-c)}{4a^2}$$

Mais pour la surface du triangle on a :

$$\text{Surface} = \frac{ah}{2}\text{; élevant au carré, } \overline{\text{Surf.}}^2 = \frac{a^2h^2}{4}\text{;}$$

remplaçant h^2 par sa valeur :

$$\overline{\text{Surf.}}^2 = \frac{a^2\times16p(p-a)(p-b)(p-c)}{4\times4a^2} = p(p-a)(p-b)(p-c)$$

Et prenant les racines carrées :

$$\text{Surface} = \sqrt{p(p-a(p-b)(p-c}$$

CLIV

Des carrés magiques.

On appelle ainsi des manières curieuses de ranger plusieurs nombres dans les différentes cases d'un carré, de façon que la somme des nombres pris, soit dans une colonne verticale, soit dans une tranche horizontale, soit dans une des diagonales du carré, donne toujours le même total.

4	3	8
9	5	1
2	7	6

Ce carré est le carré magique de neuf cases, dont les sommes

$$\left.\begin{array}{l} 4+9+2 \\ 3+5+7 \\ 8+1+6 \\ 4+3+8 \\ 9+5+1 \\ 2+7+6 \\ 4+5+6 \\ 8+5+2 \end{array}\right\} = 15$$

Et il est formé avec les neuf premiers nombres.

Les carrés magiques constituent de véritables jeux de combinaisons peu susceptibles de théorie, n'ayant plus de valeur aujourd'hui que comme amusement; mais ils ont été autrefois d'une grande importance symbolique, et se retrouvent dans presque tous les talismans inventés par l'imagination des anciens pour leurs pratiques superstitieuses de toute nature.

C'est ainsi qu'ils regardaient comme consacré au dieu par excellence, dieu unique, dieu inconnu qu'ils plaçaient au-dessus de Jupiter et des autres dieux, le carré d'une case remplie de l'unité, immuable de quelque côté qu'on le considère.

Le carré de quatre cases, rempli des quatre premiers nombres, qu'il est impossible de disposer de façon à ce que la somme des colonnes soit la même que celle des diagonales, était, à cause de cette imperfection, le symbole de la matière imparfaite.

Voici le tableau des carrés qui avaient reçu une consécration spéciale :

Le carré de	1	case était consacré	à Dieu.
—	4	—	à la Matière.
—	9	—	à Saturne.
—	16	—	à Jupiter.
—	25	—	à Mars.
—	36	—	au Soleil.
—	49	—	à Vénus.
—	64	—	à Mercure.
—	81	—	à la Lune.

Nous remarquerons d'abord qu'on peut ajouter la même quantité à tous les termes d'un carré quelconque, sans que les sommes de chaque colonne cessent d'être égales, et que, par conséquent, un carré étant fait pour les neuf premiers nombres, est aussi fait pour disposer magiquement neuf nombres consécutifs quelconques. Ainsi, le carré de neuf cases que nous avons déjà indiqué, donne le suivant, qui commence à 12.

15	14	19
20	16	12
13	18	17

Et dans lequel la somme de chaque colonne est 48, ou la somme précédente 15, augmentée de trois fois l'excès 11 de chaque nombre nouveau sur l'ancien correspondant. Ceci prouve que quand un carré magique sera fait pour 9, 16, 25, etc., cases, avec les nombres entiers depuis 1 jusqu'à la limite, on pourra remplacer dans ce carré 1 par le nombre qu'on voudra; 2 par le nombre entier suivant, et ainsi de suite, et obtenir par là un autre carré magique.

Remarquons ensuite que si nous avons obtenu un carré quelconque, nous pourrons multiplier tous les nombres qui y entrent par un nombre quelconque, et que les nouvelles sommes des colonnes, égales à celles du carré primitif, multipliées par le nombre en question, seront encore égales entre elles.

Ainsi le dernier carré, les nombres étant doublés, donne le suivant :

30	28	38
40	32	24
26	36	34

dans lequel la somme de chaque colonne est 96, double de la somme 48 des colonnes du carré précédent.

Ainsi, on peut remplir un carré magique avec des nombres quelconques en progression arithmétique.

Considérons encore les neuf premiers nombres ainsi rangés :

1	2	3
4	5	6
7	8	9

(1)

On conçoit qu'on ne pourra les disposer en carré magique qu'à la condition de mettre dans la même colonne, soit horizontale, soit verticale, soit diagonale, ou bien : 1° un nombre de chaque tranche horizontale de la disposition (1). Ainsi, (1 + 5 + 9), (1 + 6 + 8), (2 + 4 + 9), (2 + 5 + 8), (2 + 6 + 7), (3 + 4 + 8), (3 + 5 + 7);

Ou bien : 2° les trois nombres de la tranche du milieu (4 + 5 + 6).

Si donc on suppose qu'on ait ajouté un certain nombre, 7, par exemple, aux trois premiers nombres, qui deviendront 8, 9, 10; puis deux fois le même nombre, soit 14, aux chiffres de la deuxième tranche, qui deviennent 18, 19, 20, et enfin trois fois le même nombre, soit 21, aux chiffres de la dernière tranche, obtenant ainsi 28, 29, 30, il est clair que dans le carré magique

8	3	4
1	5	9
6	7	2

(2)

si nous remplaçons chaque chiffre par ce qu'il est devenu, nous aurons le carré suivant :

29	10	18
8	19	30
20	28	9

Sommes 57.

qui sera aussi magique, puisque chaque somme nouvelle contiendra, à cause de sa composition, si elle est formée par un nombre de chaque tranche du carré (1), une fois, plus deux fois, plus trois fois, ou six fois le nombre qu'on a ajouté en plus de la colonne correspondante du carré (2), et si elle est formée par la tranche du milieu, elle vaudra, chacun des nombres de cette tranche ayant été augmenté de deux fois le nombre en question, trois fois, deux fois ou six fois ce nombre en plus de sa correspondante dans le carré (2).

On conçoit qu'un raisonnement semblable se produirait sur un autre carré magique que celui des trois côtés, et qu'on pourra, par conséquent, établir un carré magique avec des nombres quelconques, pourvu que, rangés par ordre de grandeur dans les cases d'un carré semblable, ils présentent une progression arithmétique tant dans le sens vertical que dans le sens horizontal. Ainsi :

4	7	10	13	16
17	20	23	26	29
30	33	36	39	42
43	46	49	52	55
56	59	62	65	68

Ces nombres étant en progression dans les deux sens, peuvent former un carré magique, disposé sur le modèle du suivant :

11	7	24	20	3
2	14	10	23	16
19	5	13	6	22
25	18	1	12	9
8	21	17	4	15

Sommes 65.

Et on aura le carré magique que voici :

30	20	65	55	10
7	39	29	62	43
52	16	36	17	59
68	49	4	33	26
23	56	46	13	42

Sommes 180.

Si on veut construire les carrés magiques impairs, on aura à suivre cette règle :

RÈGLE. *Première opération*. — On écrira dans les cases de la première tranche horizontale les premiers nombres, en mettant à la dernière case celui qui occupe le rang du milieu par ordre de grandeur.

9	7	2	8	6	4	1	3	5

Ainsi, pour faire le carré magique de 9 cases de côté ou de 81 cases en tout, en mettant le nombre 5 à la dernière case on placera les autres d'une manière arbitraire.

On formera ensuite la deuxième tranche horizontale en la commençant par le deuxième nombre de la première tranche et en suivant le même ordre pour finir par le premier nombre, de cette façon :

9	7	2	8	6	4	1	3	5
7	2	8	6	4	1	3	5	9

La troisième se formera de la seconde, comme la seconde s'est formée de la première; la quatrième se fera de même avec la troisième, en sorte qu'on aura le tableau suivant :

9	7	2	8	6	4	1	3	5
7	2	8	6	4	1	3	5	9
2	8	6	4	1	3	5	9	7
8	6	4	1	3	5	9	7	2
6	4	1	3	5	9	7	2	8
4	1	3	5	9	7	2	8	6
1	3	5	9	7	2	8	6	4
3	5	9	7	2	8	6	4	1
5	9	7	2	8	6	4	1	3

Somme 45.

Et on a ainsi un carré disposé magiquement, car la somme de chaque colonne verticale ou horizontale et de la diagonale dirigée de gauche à droite, en descendant, est :

$$1 + 2 + 3 + 4 + 5 + 6 + 7 + 8 + 9 = 45$$

Et celle de l'autre diagonale, composée du nombre 5 répété 9 fois, est aussi :

$$5 \times 9 = 45$$

Deuxième opération. — On formera ensuite un autre carré d'un nombre égal de cases, avec les multiples du plus grand nombre employé dans le précédent, en considérant 0 comme le premier de ces multiples et en plaçant le multiple moyen le premier.

Ainsi la première tranche horizontale du nouveau carré commencera par 36 ;

36	18	0	27	45	63	72	54	9

La deuxième tranche se formera de la première, en commençant par le dernier nombre et finissant par l'avant-dernier :

36	18	0	27	45	63	72	54	9
9	36	18	0	27	45	63	72	54

Chaque tranche suivante se composera, avec la précédente, de la même manière ; on aura donc le carré suivant :

36	18	0	27	45	63	72	54	9
9	36	18	0	27	45	63	72	54
54	9	36	18	0	27	45	63	72
72	54	9	36	18	0	27	45	63
63	72	54	9	36	18	0	27	45
45	63	72	54	9	36	18	0	27
27	45	63	72	54	9	36	18	0
0	27	45	63	72	54	9	36	18
18	0	27	45	63	72	54	9	36

Sommes 324.

Et on conçoit que ce carré sera disposé magiquement comme le premier.

Troisième opération. Il est bien évident qu'en ajoutant entre elles les cases semblablement placées dans les deux carrés précédents, on aura le carré magique de 81 cases, dans lequel le même nombre ne se reproduira jamais deux fois, puisque chaque nombre du premier carré répété neuf fois, ne s'ajoutera jamais deux fois avec le même nombre du second carré, à cause de la différente disposition. Voici ce carré :

45	25	2	35	51	67	73	57	14
16	38	26	6	31	46	66	77	63
56	17	42	22	1	30	50	72	79
80	60	13	37	21	5	36	52	65
69	76	55	12	41	27	7	29	53
49	64	75	59	18	43	20	8	33
28	48	68	81	61	11	44	24	4
3	32	54	70	74	62	15	40	19
23	9	34	47	71	78	58	10	39

Sommes 324 + 45 = 369.

Les sommes des colonnes et des diagonales sont en tous sens 369.

Il y a d'autres méthodes; mais ce qui nous engage à donner celle-ci, c'est qu'on voit la raison de son exactitude, et que les chiffres de la première tranche pouvant être disposés dans un ordre arbitraire, à l'exception du dernier, on peut établir, par cette méthode, un très-grand nombre de carrés magiques différents, ayant le même nombre de cases.

Des méthodes analogues servent à construire les carrés magiques pairs; mais elles ont beaucoup moins de régularité et demandent des explications trop longues pour cet ouvrage.

Nous terminerons cet article en donnant une règle générale pratique pour former un carré magique impair, parce qu'elle est facile à retenir; mais elle ne donne qu'une des nombreuses dispositions de ce carré.

30	39	48	1	10	19	28
38	47	7	9	18	27	29
46	6	8	17	26	35	37
5	14	16	25	34	36	45
13	15	24	33	42	44	4
21	23	32	41	43	3	12
22	31	40	49	2	11	20

Sommes 175.

On place l'unité dans la case du milieu de la première tranche horizontale, puis, montant diagonalement de gauche à droite, on serait conduit à écrire 2 au-dessus de la colonne verticale suivante (au-dessus de 10); mais comme la place manque, on transporte alors 2 en bas de cette même colonne, puis on écrit 3, 4, toujours en montant diagonalement, de gauche à droite. Comme 5 se trouverait au bout de la quatrième tranche horizontale, on l'écrit le premier de cette tranche, et on continue. Le nombre 8 venant se placer dans la case où est déjà 1, on le transporte sous le chiffre 7, qu'on vient d'écrire. En continuant à suivre la règle, 29 devrait s'écrire à la place de 22; on l'écrira donc sous 28, comme on a écrit 8 sous 7 quand la même circonstance s'est présentée, et le carré se terminera sans difficulté.

Remarque. Le soin que nous avons pris, pour le carré de 81 cases, de mettre le chiffre moyen 5 dans la même diagonale, est nécessité par cette remarque, que notre première méthode serait défectueuse si le même chiffre revenait plus d'une fois dans la même colonne. Ceci serait arrivé forcément avec le nombre 9, qui n'est pas un nombre premier, si nous n'avions pas pris la précaution de placer 5 dans la même diagonale dans laquelle il nous donne la somme 45.

Mais s'il s'agit du carré de 49 ou de 25 cases, le nombre 5 ou 7 des cases de chaque colonne étant premier, on peut très-bien ne pas mettre le nombre moyen dans une même diagonale; ainsi, pour le carré de 49 on formera les deux carrés magiques suivants :

3	4	5	1	2	7	6
5	1	2	7	6	3	4
2	7	6	3	4	5	1
6	3	4	5	1	2	7
4	5	1	2	7	6	3
1	2	7	6	3	4	5
7	6	3	4	5	1	2

Sommes 28.

en ayant soin de ne pas suivre le même ordre pour le second que pour le premier.

0	14	35	42	7	21	28
42	7	21	28	0	14	35
28	0	14	35	42	7	21
35	42	7	21	28	0	14
21	28	0	14	35	42	7
14	35	42	7	21	28	0
7	21	28	0	14	35	42

Sommes 147.

Et en ajoutant les nombres contenus dans les cases du même ordre, on a le carré suivant :

3	18	40	43	9	28	34
47	8	23	35	6	17	39
30	7	20	38	46	12	22
41	45	11	26	29	2	21
25	33	1	16	42	48	10
15	37	49	13	24	32	5
14	27	31	4	19	36	44

Sommes $147 + 28 = 175$.

FIN.

TABLE DES MATIÈRES

FIN DE LA TABLE.

PARIS — IMPRIMERIE DE ÉDOUARD BLOT, 46, RUE SAINT-LOUIS
(Ancienne maison Doudey-Dupré.)

www.ingramcontent.com/pod-product-compliance
Ingram Content Group UK Ltd.
Pitfield, Milton Keynes, MK11 3LW, UK
UKHW020549180726
13838UKWH00001B/130